Todos los libros de Linkgua Ediciones cuentan con modelos de Inteligencia Artificial entrenados por hispanistas. Pregúntale al chat de tu libro lo que desees acerca de la obra o su autor/a.

Para ebooks: Accede a nuestro modelo de IA a través de este enlace.

Para libros impresos: Escanea el código QR de la portada con tu dispositivo móvil.

Obtén análisis detallados de nuestros libros, resúmenes, respuestas a tus preguntas y accede a nuestras ediciones críticas generativas para una experiencia de lectura más enriquecedora.
La transparencia y el respeto hacia la autoría de las fuentes utilizadas son distintivos básicos de nuestro proyecto. Por ello, las respuestas ofrecen, mediante un sistema de citas, las fuentes con las que han sido elaboradas.

Gutierre de Cetina

Poemas

Barcelona 2024
Linkgua-ediciones.com

Créditos

Título original: Poemas.

© 2024, Red ediciones S.L.

e-mail: info@Linkgua-ediciones.com

Diseño de cubierta: Michel Mallard.

ISBN tapa dura: 978-84-1126-503-4.
ISBN rústica ilustrada: 978-84-9816-254-7.
ISBN ebook: 978-84-9953-403-9.

Cualquier forma de reproducción, distribución, comunicación pública o transformación de esta obra solo puede ser realizada con la autorización de sus titulares, salvo excepción prevista por la ley. Diríjase a CEDRO (Centro Español de Derechos Reprográficos, www.cedro.org) si necesita fotocopiar, escanear o hacer copias digitales de algún fragmento de esta obra.

Sumario

Créditos	4
Brevísima presentación	23
La vida	23
Madrigales	25
Ojos claros, serenos	27
Ay, qué contraste fiero	29
Cubrir los ojos	33
No miréis más	35
Yo diría de vos tan altamente	37
Sonetos	39
I	41
II	42
III	43
IV	44
V	45

VI	46
VII	47
VIII	48
IX	49
X	50
XI	51
XII	52
XIII	53
XIV	54
XV	55
XVI	56
XVII	57
XVIII	58
XIX	59
XX	60
XXI	61

XXII	62
XXIII	63
XXIV	64
XXV	65
XXVI	66
XXVII	67
XXVIII	68
XIX	69
XXX	70
XXXI	71
XXXII	72
XXXIII	73
XXXIV	74
XXXV	75
XXXVI	76
XXXVII	77

XXXVIII	78
XXXIX	79
XL	80
XLI	81
XLII	82
XLIII	83
XLIV	84
XLV	85
XLVI	86
XLVII	87
XLVIII	88
XLIX	89
L	90
LI	91
LII	92
LIII	93

LIV	94
LV	95
LVI	96
LVII	97
LVIII	98
LIX	99
LX	100
LXI	101
LXII	102
LXIII	103
LXIV	104
LXV	105
LXVI	106
LXVII	107
LXVIII	108
LXIX	109

LXX	110
LXXI	111
LXXII	112
LXXIII	113
LXXIV	114
LXXV	115
LXXVI	116
LXXVII	117
LXXVIII	118
LXXIX	119
LXXX	120
LXXXI	121
LXXXII	122
LXXXIII	123
LXXXIV	124
LXXXV	125

LXXXVI	126
LXXXVII	127
LXXXVIII	128
LXXXIX	129
XC	130
XCI	131
XCII	132
XCIII	133
XCIV	134
XCV	135
XCVI	136
XCVII	137
XCVIII	138
XCIX	139
C	140
CI	141

CII	142
CIII	143
CIV	144
CV	145
CVI	146
CVII	147
CVIII	148
CIX	149
CX	150
CXI	151
CXII	152
CXIII	153
CXIV	154
CXV	155
CXVI	156
CXVII	157

CXVIII	158
CXIX	159
CXX	160
CXXI	161
CXXII	162
CXXIII	163
CXXIV	164
CXXV	165
CXXVI	166
CXXVII	167
CXXVIII	168
CXXIX	169
CXXX	170
CXXXI	171
CXXXII	172
CXXXIII	173

CXXXIV	**174**
CXXXV	**175**
CXXXVI	**176**
CXXXVII	**177**
CXXXVIII	**178**
CXL	**179**
CXLI	**180**
CXLII	**181**
CXLIII	**182**
CXLIV	**183**
CXLV	**184**
CXLVI	**185**
CXLVII	**186**
CXLVIII	**187**
CXLIX	**188**
CL	**189**

CLI	190
CLII	191
CLIII	192
CLIV	193
CLV	194
CLVI	195
CLVII	196
CLVIII	197
CLIX	198
CLX	199
CLXI	200
CLXII	201
CLXIII	202
CLXIV	203
CLXV	204
CLXVI	205

CLXVII	206
CLXVIII	207
CLXIX	208
CLXX	209
CLXXI	210
CLXXII	211
CLXXIII	212
CLXXIV	213
CLXXV	214
CLXXVI	215
CLXXVII	216
CLXXVIII	217
CCXX	218
CCXXI	219
CCXXII	220
CCXXIII	221

CCXXIV	222
CCXXV	223
CCXXVI	224
CCXXVII	225
CCXXVIII	226
CCXXIX	227
CCXXX	228
CCXXXI	229
CCXXXII	230
CCXXXIII	231
CCXXXIV	232
CCXXXV	233
CCXXXVI	234
CCXXXVII	235
CCXXXVIII	236
CCXXXIX	237

CCXL	238
CCXLI	239
CCXLII	240
CCXLIII	241
CCXLIV	242
CCXLV	243
CCXLVI	244
CCXLVII	245
CCXLVIII	246
CCXLIX	247
CCXX	248
CCXXI	249
CCXXII	250
CCXXIII	251
CCXXIV	252
CCXXV	253

CCXXVI	254
CCXXVII	255
CCXXVIII	256
CCXXIX	257
CCXXX	258
CCXXXI	259
CCXXXII	260
CCXXXIII	261
CCXXXIV	262
CCXXXV	263
CCXXXVI	264
CCXXXVII	265
CCXXXVIII	266
CCXXXIX	267
CCXL	268
CCXLI	269

CCXLII	270
CCXLIII	271
CCXLIV	272
CCXLV	273
CCXLVI	274
CCXLVII	275
CCXLVIII	276
CCXLIX	277
Libros a la carta	279

Brevísima presentación

La vida

Gutierre de Cetina (1520-1557). España.
Nació en Sevilla. Fue un poeta refinado y gran humanista. Muy joven acompañó al emperador Carlos I en varios viajes por España, Alemania e Italia. Debido a las muchas intrigas cortesanas abandonó la política y regresó a Sevilla. Unos años después fue invitado a Nueva España por su tío Gonzalo López, plenipotenciario en las Indias.

Murió en la ciudad de Puebla a manos del amante celoso de doña Leonor de Osuna, frente a la casa de esta dama.

Autor de estilo exquisito, vivió siempre rodeado de grandes figuras del poder y la cultura. Cetina tuvo estrecha amistad con Hurtado de Mendoza y Jorge de Montemayor.

Su obra destacada por su respeto de las formas poéticas y su ritmo exaltado e intenso. Escribió letrillas, madrigales y canciones, y también sobresalió en la nueva técnica italiana, en boga por esos tiempos. Cetina se distingue por su fantasía, delicadeza, fluidez y, en particular, por su escritura amatoria.

Madrigales[1]

---

[1] Para la presente edición hemos consultado la de Joaquín Hazañas y la Rúa y disponemos los madrigales de Cetina en el mismo orden que la edición de Hazañas y la Rúa (ed.), Sevilla, Imprenta de Francisco de P. Díaz, 1895. (N. del E.)

Ojos claros, serenos

Ojos claros, serenos,
si de un dulce mirar sois alabados,
¿por qué, si me miráis, miráis airados?
Si cuanto más piadosos
más bellos parecéis a aquel que os mira,
no me miréis con ira
porque no parezcáis menos hermosos.
¡Ay, tormentos rabiosos!
Ojos claros, serenos,
ya que así me miráis, miradme al menos.

Ay, qué contraste fiero

¡Ay, qué contraste fiero,
señora, hay entre el alma y los sentidos,
por decir que os doláis de los gemidos!

Ninguno dellos osa:
cada cual se acobarda y se le excusa
al alma deseosa,
que de su turbación la lengua acusa.

Ella dice confusa
que os dirá el dolor mío,
si la deja el temor de algún desvío;
pero de un miedo frío
la cansa el corazón, y de turbada,
cuando algo os va a decir, no dice nada.

Al corazón no agrada
la excusa, y dice que es della la mengua,
que el quejarse es efecto de la lengua.
El uno al otro amengua;
el vano pensamiento
no sabe dar consejo al desatiento.

La razón sierva siento,
que solía un tiempo entre ellos ser señora,
y el esfuerzo enflaquece de hora en hora.
La mano no usa agora
del medio que solía;
que el temor la acobarda y la desvía.

La sangre corre fría
a la parte más flaca, y de turbado,
el triste cuerpo tiembla y suda helado.
¡Ay, rabioso cuidado!
Pues si el alma contrasta a los sentidos,
¿quién dirá que os doláis de mis gemidos.

Cubrir los ojos

Cubrir los bellos ojos
con la mano que ya me tiene muerto,
cautela fue por cierto,
que ansí doblar pensaste mis enojos.
Pero de tal cautela
harto mayor ha sido el bien que el daño,
que el resplandor extraño
del Sol se puede ver mientras se cela.
Así que aunque pensastes
cubrir vuestra beldad, única, inmensa,
yo os perdono la ofensa,
pues, cubiertos, mejor verlos dejastes.

No miréis más

No miréis más, señora,
con tan grande atención esa figura,
no os mate vuestra propia hermosura.

Huid, dama, la prueba
de lo que puede en vos la beldad vuestra.
Y no haga la nuestra
venganza de mi mal piadosa y nueva.

El triste caso os mueva
del mozo convertido entre las flores
en flor, muerto de amor de sus amores.

Yo diría de vos tan altamente

A doña María de Mendoza

Yo diría de vos tan altamente,
Que el mundo viese en vos lo que yo veo.
Si tal fuese el decir cual el deseo.
Mas si fuera del más hermoso cielo,
Acá en la mortal gente.
Entre las bellas y preciadas cosas.
No hallo una que os semeje un pelo.
Sin culpa queda aquel que no os atreve.
El blanco del cristal, el oro y rosas
Los rubís, y las perlas, y la nieve,
Delante vuestro gesto comparadas,
Son ante cosas vivas, las pintadas.
Ante vos las estrellas,
Como delante el Sol, son menos bellas.
El Sol es más lustroso,
Pero a mi parecer no es tan hermoso.
¡Qué puedo, pues, decir, si cuanto veo,
Todo ante vos es feo!
Mudad el nombre, pues, señora mía,
Y vos llamad beldad, beldad María.

Sonetos[2]

[2] La numeraciones de los Sonetos de Cetina han cambiado en sus diferentes ediciones, para la presente hemos consultado la de Joaquín Hazañas y la Rúa y, en cambio, por su actualidad optamos por seguir la numeración de Ramón García González. (N. del E.)

I

De la incierta salud desconfiado,
mirando cómo va turbio y furioso
Betis corriendo al mar, dijo lloroso
Vandalio, del vivir desesperado:

«Recibe, ¡oh caro padre!, este cansado   5
cuerpo de un hijo tuyo, deseoso
de hallar en tus ondas el reposo
que negó la fortuna a mi cuidado.

Haz, padre, que estos árboles que oyendo
la causa de mi muerte están atentos,   10
la recuenten después de esta manera:

Aquí yace un pastor que amó viviendo;
murió entregado a Amor con pensamientos
tan altos, que aun muriendo, amar espera.»

II

   Esta guirnalda de silvestres flores,
de simple mano rústica compuesta
en los bosques de Arcadia, aquí fue puesta
en honra del cantar de los pastores,

   a los cuales, si Amor en sus amores 5
quiere jamás negar demanda honesta,
ruego, si bien el don tan bajo cuesta,
pueda este olmo gozar de mis sudores.

   Que si algún tiempo con más docta mano
las acierto a tejer como maestro, 10
guardando a los pasados el decoro,

   espero, y mi esperar no será en vano,
que el nombre pastoral del siglo nuestro
será tal cual fue ya en la Edad del Oro.

III

En un bastón de acebo que traía
por sostener el cuerpo trabajado,
Vandalio de su mano había entallado
la imagen que en el alma poseía.

Y como que presente la tenía, 5
mirando de ella el natural traslado,
envuelto en un suspiro apasionado,
con lágrimas llorando le decía:

«Dórida, si mirando esta figura
siento el alma encender, siento abrasarme, 10
piensa qué será ver tu hermosura.

Si así puedes ver tu hermosura
di cuándo acabara mi desventura.
Mas no querrás hablar por no hablarme.»

IV

Para ver si tus ojos eran cuales
la fama entre pastores extendía,
en una fuente los miraba un día
Dórida, y dice así, viéndolos tales:

«Ojos, cuya beldad entre mortales   5
hace inmortal la hermosura mía
¿cuáles bienes el mundo perdería
que a los males que dais fuesen iguales?

Tenía, antes de os ver, por atrevidos,
por locos temerarios los pastores   10
que se osaban llamar vuestros vencidos;

mas hora viendo en vos tantos primores,
por más locos los tengo y más perdidos
los que os vieron si no mueren de amores.»

V

«Como al pastor que en la ardiente hora estiva
la verde sombra, el fresco aire agrada,
y como a la sedienta su manada
alegra alguna fuente de agua viva,

así a mi árbol do se note o escriba   5
mi nombre en la corteza delicada
alegra, y ruego a Amor que sea guardada
la planta porque el nombre eterno viva.

Ni menos se deshace el hielo mío,
Vandalio, ante tu ardor, cual suele nieve   10
a la esfera del Sol ser derretida.»

Así decía Dórida en el río
mirando su beldad, y el viento leve
llevó la voz que apenas fue entendida.

VI

Si el justo desear, padre Silvano,
jamás pudo moverse entre pastores,
si del rabioso mal de los amores
el corazón salvaje has hecho humano,

ruega el numen celeste que la mano   5
de su piedad extienda a los clamores
que Dórida le hace, en los ardores
de una fiebre cruel, llorando en vano.

Si alcanzo de los dos tanta ventura,
vuestra gloria será más verdadera,   10
y más para sufrir mi desventura.

Y cuando lo contrario el hado quiera,
no perezca, señor, tal hermosura:
menor mal es que yo en su lugar muera.

VII

Un blanco, pequeñuelo y bel cordero
Vandalio para Dórida criaba,
cuando viendo que el lobo lo llevaba,
dijo alzando la voz, airado y fiero:

«¡Al lobo, al lobo, canes, que os espero,   5
Argo, Trasileón, Melampo, y Brava!
¡Hélo!, Brava lo alcanza y, ¡hélo!, traba.
Soltado lo ha el traidor, por ir ligero.

Ya lo veo y lo alcanzo, ya lo tomo;
ya se embosca el traidor, ya deja el robo;   10
ya mis canes se vuelven victoriosos.»

Así decía Vandalio, y no sé cómo
por entre aquellos álamos umbrosos
Eco resuena ahora: ¡Al lobo, al lobo!

VIII

Con ansia que del alma le salía,
la mente del morir hecha adivina,
contemplando Vandalio la marina
de la ribera bética, decía:

«Pues vano desear, loca porfía, 5
a la rabiosa muerte me destina,
mientras la triste hora se avecina,
oye mi llanto tú, Dórida mía.

Y si tu crueldad contenta fuese,
por premio de esta fe firme y constante, 10
que sobre mi sepulcro se leyese,

no en letras de metal, mas de diamante,
Dórida ha sido causa que muriese
el más leal y más sufrido amante.»

IX

Debajo de un pie blanco y pequeñuelo
tenía el corazón enamorado
Vandalio, tan ufano en tal cuidado,
que tiene en poco el mayor bien del suelo.

Cuando movido Amor de un nuevo celo, 5
envidioso de ver tan dulce estado,
mirando el pie hermoso y delicado,
el fuego del pastor muestra de hielo.

En tanto, el corazón que contemplaba
el pie debajo el cual ledo se vía, 10
con lágrimas de gozo lo bañaba.

Y el alma, que mirando se sentía,
con fogosos suspiros enjugaba
las mancillas que el llanto en él ponía.

X

Dórida, hermosísima pastora,
cortés, sabia, gentil, blanda y piadosa,
¿cuál suerte desigual, fiera, rabiosa,
pone a mi libertad nueva señora?

El corazón que te ama y que te adora, 5
¿quién lo puede forzar que ame otra cosa?
¿Amarílida es más sabia o hermosa
que tú? No sé. Contempla esta alma ahora.

¿Fue jamás de Amarílida tratado
tan bien como de ti, tan sin fiereza? 10
¿No me acordabas tú si yo te amaba?

Pues sin mudarme yo, ¿quién me ha mudado?
respondió el eco: «Yo, que en esta alteza
mucho tiempo tan dulce ser duraba.»

XI

¡Ay, mísero pastor!, ¿do voy huyendo?
¿Curar pienso un ardor con otro fuego?
¡Cuitado!, ¿adónde voy? ¿Estoy ya ciego
que ni veo mi bien ni el mal entiendo?

¿Do me llevas, Amor? Si aquí me enciendo,   5
¿tendré do voy más paz o más sosiego?
Si huyo de un peligro, ¿a do voy luego?
¿Es menor el que ahora voy siguiendo?

¿Fue más ventura el Betis, por ventura,
que era agora Pisuerga? ¿Aquél no ha sido   10
tan triste para mí como ese agora?

Si falta en Amarílida mesura,
¿cómo la tendrá Dórida, sabido
que llevo ya en el alma otra señora?

XII

En un olmo Vandalio escribió un día,
do la corteza estaba menos dura,
el nombre y la ocasión de su tristura;
después, mirando al cielo, así decía:

«Tanto crezcas, ¡oh bella planta mía!,   5
que al más alto ciprés venzas de altura,
y tanta sea mayor tu hermosura
cuanta aquella de Dórida sería.

Crezcan a par del olmo en su grandeza
las letras del amado y dulce nombre,   10
y en él hagan perpetua su memoria,

porque los que vendrán sepan que un hombre
levantó el pensamiento a tanta alteza
que es digno al menos de inmortal renombre.»

XIII

Al pie de un monte que divide a España
de Francia, do más alto el cuello asoma,
en las faldas de aquel que el nombre toma
del ladrón más sutil, de mayor maña,

en un valle hermoso a do la extraña   5
alteza el blanco monte abaja y doma,
no lejos de la fuente por quien Roma
dio nombre a la región que en torno baña,

cerca de do perdió el francés famoso
la gloria de que aún hoy soberbio viene,   10
allí nació la causa del mal mío;

después la crió el Tajo, y de envidioso
Pisuerga la robó, Betis la tiene:
intendami chi pò, ch'i' m'intend'io.[3]

---

3   Fragmento del *Orlando furioso*, de Ariosto. (N. del E.)

XIV

Sin poderse alegrar de cosa alguna,
de envidia, de ira y rabia ardiendo el pecho,
mirando la ocasión de su despecho,
en brazos de Endimión decía la Luna:

«¡Ah, dichosa Amarílida!, fortuna   5
que el más fiel pastor siervo te ha hecho
te asegura del mal, de quien sospecho
que si no tú, escapar puede ninguna.

Tú sola vivirás leda y contenta,
de aquel disimular de amor segura,   10
que en los hombres sin fe se anida y sella.»

Endimión, que oyendo esto se afrenta,
responde así: «Hizo igual ventura
a la fe del pastor, la beldad de ella.»

XV

«Fuego queme mi carne y por incienso
baje el humo a las almas del infierno;
pase la mía aquel olvido eterno
de Lete porque pierda el bien que pienso;

el fiero ardor que ahora me abrasa intenso   5
ni melle corazón ni haga tierno;
niégueme piedad, favor, gobierno
el mundo, Amor y el sumo Dios inmenso;

mi vivir sea enojoso y trabajado,
en estrecha prisión dura y forzosa,   10
siempre de libertad desesperado,

si viviendo no espero ya ver cosa
—dijo Vandalio, y con verdad jurado—,
que sea cual tú, Amarílida, hermosa.»

XVI

    El más alto y más dulce pensamiento
del cuidado mayor, que más quería,
un suspiro secreto en que escondía
la hermosa ocasión de su tormento,

    todo cuanto favor, cuanto contento　　　　5
tuvo jamás, cuanto tener podría,
Vandalio, pastor bético, ofrecía
al Amor, muy lloroso y descontento.

    «Señor —dijo al fin— si el sacrificio
miras cuál puede ser que mayor sea,　　　　10
si a la intención tú sabes bien mi historia,

    solo te pido en premio del servicio,
la salud de Amarílida: no vea
el mundo así perder su mayor gloria.»

XVII

Como el que enfermedad de muerte tiene,
que está de su salud desconfiado,
ni se puede alegrar del mal pasado
ni gozo entero haber del bien que viene;

    pensando en el morir, si se detiene,   5
es porque el plazo cierto no ha llegado,
de cuya causa el mejorar de estado
ni lo asegura ya, ni lo entretiene;

    tal el triste Vandalio en la estrecheza,
envuelto en un temor con mil temores,   10
a la bella Amarílida decía:

    «Poca seguridad, menos firmeza,
no me dejan gozar vuestros favores;
que un recelo mortal me los desvía.»

XVIII

La nueva luz en el nacer del día
al mísero Vandalio, que guiaba
sus ovejuelas, por su mal mostraba
cosa que su dolor mayor hacía.

Una avecilla que caído había	5
en la encubierta liga, vio que estaba,
y mientras por soltarse trabajaba,
más la enredaba el visco y la prendía.

Mirando el mal ajeno estaba atento,
y pensando hallar en él consuelo,	10
duro ejemplo le trajo al pensamiento.

«¡Mirad —dijo el pastor— que ha hecho el
      cielo
por mostrar en dibujo aquel tormento
que padece el que ha dado en un recelo!»

XIX

El dulce fruto en la cobarde mano
y casi puesto a la hambrienta boca,
de turbado lo suelta y no lo toca,
vencido de un temor bajo, villano,

Vandalio; y el Amor, fiero tirano, 5
que al alma asombra con sospecha loca,
mientras la vida deseando apoca,
la hambre crece y crece el temor vano.

En tanto, el caro fruto deseado
de la vista al pastor desaparece, 10
y ni comer se deja ni tocarse;

cuando con un suspiro apasionado
dijo: «Tal sea de aquél a quien se ofrece
un bien de que no sabe aprovecharse.»

XX

Entre osar y temer, entre esperanza
y un triste recelar desesperado,
entre gozo y dolor, entre un cuidado
y un cierto no sé qué de confianza,

    entre aquel bien que un amador alcanza   5
mientras espera gozar lo deseado,
y entre aquel mal que siente un desdichado
que teme de fortuna en la bonanza,

Vandalio, enamorado y temeroso,
está entre un cierto sí y un no más cierto,   10
no suceda a su bien fortuna aviesa,

    cuando dijo: «¡Dolor fiero, rabioso!,
hoy triunfas de mi vida hoy seré muerto
si Amarílida falta a su promesa.»

XXI

Con aquel poco espíritu cansado
que queda al que el vivir le va dejando,
en brazos de Amarílida llorando
Vandalio, de salud desconfiado:

«No me duele el morir desesperado 5
—dijo—, pues con mi mal se va acabando,
mas duéleme que parto y no sé cuándo.
Señora, habrás dolor de mi cuidado?»

La ninfa que con lágrimas el pecho
del mísero pastor todo bañaba: 10
«Sin premio no será tu amor», decía.

Mas él, puesto en el paso más estrecho,
mucho más que el morir, pena le daba
no poder ya gozar del bien que oía.

XXII

Horas alegres que pasáis volando
porque a vueltas del bien mayor mal sienta;
sabrosa noche que en tal dulce afrenta
el triste despedir me vas mostrando;

   importuno reloj, que apresurando 5
tu curso, mi dolor me representa;
estrellas con quien nunca tuve cuenta,
que mi partida vais acelerando;

   gallo que mi pesar has denunciado;
lucero que mi luz va oscureciendo; 10
y tú, mal sosegada y moza aurora;

   si en vos cabe dolor de mi cuidado,
id poco a poco el paso deteniendo,
si no puede ser más, siquiera un hora.

XXIII

Si jamás el morir se probó en vida,
yo triste soy el que lo pruebo y siento
con extraño dolor, pena y tormento,
en esta trabajosa mi partida.

Mi alma en vuestro gesto embebecida, 5
mirándoos se henchía de un contento
tal, que de ufano ya mi sufrimiento
gloria le era la pena más crecida.

Mas hora que de vos me alejo tanto,
¿cuál consuelo será que me consuele, 10
que no sienta en partir la misma muerte,

si me muestra el temor visión de espanto,
que asombrándome hace que recele
de vos, de amor, del tiempo y de la suerte?

XXIV

Al rebaño mayor de sus cuidados
que a la orilla del Po paciendo se iba,
dijo Vandalio con la mente esquiva,
los ojos de sus lágrimas bañados:

«Paced, mis ovejuelas, pues los hados,   5
la envidia ajena y la aspereza altiva
de la ribera de Pisuerga os priva
y de sus verdes y floridos prados.

Si en las hierbas halláis amargo el gusto,
si el agua es menos clara que solía,   10
si os muestra el cielo invierno a primavera,

no es fuera de razón, antes muy justo,
pues tan lejos estáis del alma mía,
que sea todo al revés lo que antes era.»

XXV

Al pie de una alta haya muy sombrosa,
cuando más alto el Sol mostraba el día,
mirando el agua clara que corría
por la ribera del Tesín hermosa,

pensando está Vandalio en la rabiosa 5
ocasión que turbó su fantasía,
tan obstinada el alma en su porfía
cuanto por la ocasión triste y cuidosa:

«¡Ay, suerte desigual! —dijo llorando—,
si está el alma de mí tan separada, 10
¿tan lejos de ella cómo o por qué vivo?

Dolor, que sin matarme así apretando
te vas, o tu poder no puede nada
o se hace inmortal el hado esquivo.»

XXVI

Mirando cómo va soberbio, airado,
a pagar su tributo al mar el Reno,
de su propia alma y de su bien ajeno,
Vandalio está cuidoso, recostado

a la sombra de un olmo y descansado   5
ya de llorar, de mil congojas lleno,
viendo partir de sí el pastor Tirreno,
dijo con un suspiro apasionado:

«¡Dichoso tú, tú solo eres dichoso,
que vuelves do verás tan presto el Tago   10
y el bien que te hace ir tan presuroso!

Yo, mísero, llorando me deshago
de solo ver Pisuerga deseoso.
¡Mira cuál es de Amor, Tirreno, el pago!»

XXVII

    Entre armas, guerra, fuego, ira y furores,
que al soberbio francés tienen opreso,
cuando el aire es más turbio y más espeso,
allí me aprieta el fiero ardor de amores.

    Miro el cielo, los árboles, las flores,   5
y en ellos hallo mi dolor expreso,
que en el tiempo más frío y más avieso
nacen y reverdecen mis temores.

    Digo llorando: «¡Oh dulce primavera,
cuándo será que a mi esperanza vea   10
ver de prestar al alma algún sosiego!

    Mas temo que mi fin mi suerte fiera
tan lejos de mi bien quiera que sea,
entre guerra y furor, ira, armas, fuego.»

XXVIII

   Mientras el fiero león, fogoso, ardiente,
con furioso calor nos mueve guerra,
mientras la madre de Aristeo atierra
los árboles, las plantas, la simiente,

   entre altos montes de soberbia gente,   5
que al helvecio feroz el paso cierra,
me hallo en otro clima, en otra tierra
de la mi cara patria diferente.

   Allá Febo no tiene hora reparo;
acá muestra mudar orden del cielo,   10
y con helada nieve nos castiga.

   Entre estas diferencias se ve claro
cuál es mi mal, pues ardo en medio el hielo
y en el fuego se hiela mi enemiga.

XIX

¿En cuál región, en cuál parte del suelo,
en cuál bosque, en cuál monte, en cuál poblado,
en cuál lugar remoto y apartado
puede ya mi dolor hallar consuelo?

Cuanto se puede ver debajo el cielo   5
todo lo tengo visto y rodeado,
y un medio que a mi mal había hallado
hace en parte mayor mi desconsuelo.

Para curar el daño de la ausencia
píntoos cual siempre os vi, dura y proterva,   10
mas Amor os me muestra de otra suerte.

No queráis a mi mal más experiencia,
sino que ya, como herida cierva,
doquier que voy, conmigo va mi muerte.

XXX

De las doce a las cuatro había pasado,
por la quinta carrera el Sol corría,
sin que del resplandor que dar solía
muestra de su beldad, luz haya dado.

O escondido o transpuesto o de un nublado 5
negro, lleno de horror, se le cubría
al mísero Vandalio, el cual no vía
sin él por do seguir con su ganado.

Llenos de un triste humor tenía los ojos
el cuitado pastor mirando el cielo, 10
mostrando sin hablar su desventura.

Cuando, por renovar viejos enojos,
quitándose y poniendo el Sol un velo,
mostró y tornó a esconder su hermosura.

XXXI

Mientra el fiero dolor de su tormento
con mayor soledad Vandalio llora,
con voz de su morir denunciadora
dijo triste, lloroso y descontento:

«¡Oh gloria de estas selvas y ornamento,   5
sombras que tanto ardor templáis agora!,
¡oh tú, Eco, perpetua habitadora
del bosque que este llanto escucha atento!,

quédese par vos solas guardado
mi tan secreto bien, mi buena suerte,   10
que tanto me costo por no mostralle.

Y si tanto favor me niega el hado,
ya que alguno queráis contar mi muerte,
dígase solo el mal, el bien se calle.»

XXXII[4]

Aires suaves, que mirando atentos
escucháis la ocasión de mis cuidados,
mientras que la triste alma acompañados
con lágrimas os cuentan sus tormentos,

así alegres veáis los elementos,　　　　5
y en lugares do estáis enamorados
las hojas y los ramos delicados
os respondan con mil dulces acentos.

De lo que he dicho aquí, palabra fuera
de entre estos valles salga, a do sospecha　　10
pueda jamás causarme aquella fiera.

Yo deseo callar, mas ¿qué aprovecha?
que la vida, que ya se desespera,
para tanto dolor es casa estrecha.

---

4   En la edición de Joaquín Hazañas y la Rúa es el Soneto I en la edición de Joaquín Hazañas y la Rúa.

XXXIII

Dulce, sabrosa, cristalina fuente,
refugio al caluroso, ardiente estío,
adonde la beldad del ídolo mío
hizo tu claridad más transparente,

¿qué ley permite, qué razón consiente   5
un pecho refrescar helado y frío,
en quien fuego de amor, fuerza ni brío
ni muestra de piedad jamás se siente?

Cuánto mejor harías si lavases
de este mi corazón tantas mancillas   10
y el ardor que lo abrasa mitigases.

Aquí serían, Amor, tus maravillas,
si en estas ondas un señal mostrases
de mis penas a quien no quiere oíllas.

XXXIV

Pues todavía queréis ir mis suspiros
do siempre soléis ser tan mal tratados,
trabajad de llegar disimulados,
quizá con tal ardid querrán oíros.

Sabe Amor si quisiera hora seguiros 5
para ver si osaréis ser tan osados;
mas, ¿para qué?, si van dos mil cuidados
míos allá, tras vos, para serviros.

Si os llegáis, al llegar, con la osadía
que hora partís de mí, decidle manso: 10
«Señora, piedad, ¿por qué tan fiera?»

Mas si, como he temor, de sí os desvía,
básteos darle a entender con un descanso
cómo el verme sin él hace que muera.

XXXV

Por repararse de una gran tormenta
con que el cielo una noche amenazaba,
debajo de un alto olmo suspiraba
temeroso Vandalio en tal afrenta.

No que con las ovejas tenga cuenta,   5
ni el temor de los lobos recelaba;
antes un ruiseñor que allí cantaba,
la historia de su mal le representa.

Piadoso, (a) la avecilla enamorada
dijo: «¿Qué así te afliges y cantando   10
muestras la tempestad tener en nada?

¿Qué haremos los dos, pues que llorando,
nuestro triste cantar tan poco agrada?»
«¿Qué —dijo el ruiseñor— Morir amando.»

XXXVI

Triste avecilla que te vas quejando
por feos ramos y por turbias fuentes,
pues que no son mis males diferentes,
vente agora aquí do estoy llorando.

Verásme de pesar desesperando,   5
de placer apartado y de las gentes,
después que aquellos ojos son ausentes,
por quien vivo muriendo y suspirando.

Tú lloras tu soledad y yo la mía:
consolémonos los dos pues que tenemos   10
una misma razón de estar muriendo.

Y aquí, desamparados de alegría,
por aquellos desiertos andaremos
en llantos tristes continuo gimiendo.

XXXVII

Padre Océano, que del bel Tirreno
gozas los amorosos abrazados,
de gloria, si sintieses mis cuidados,
cuanto yo de pesar, estarías lleno.

En la parte del cielo más sereno,   5
para colmar la cima de tus hados,
vi a tu hijo bañar los delicados
pies de una ninfa que nació en su seno.

«¡Ay, quién fuese hora tú!», yo le decía,
y de puro celoso lo enturbiaba   10
con llanto que del alma me salía.

Mas él, que tanto bien comunicaba,
mientras con mi llorar lo revolvía,
claro en sus ondas mi dolor mostraba.

XXXVIII

Por nuestro polo el Sol no parecía,
al venturoso Antártico alumbraba,
cuando un pastor que, sin él, ciego estaba,
con lágrimas llorando así decía:

«¡Oh luz sola que luz da al alma mía!   5
Mas, ¡ay!, ¿qué digo luz?: que la daba
cuando dejaros ver ya os agradaba.
¿Quién de veros me aparta y me desvía?

Si no merece ver beldad del cielo
un mísero pastor desventurado,   10
si no os queréis mostrar por que no os vea,

considerad, por Dios, gloria del suelo,
que el alma, que ya en vos se ha transformado,
no os dejará de ver doquier que sea.»

XXXIX

Un nuevo Sol vi yo en humano gesto
que en la tierra nos muestra un paraíso;
una boca vi yo que solo un riso
en perpetuo llorar me tiene puesto;

de dos ojos salió un mirar honesto   5
que el ánimo del alma trae diviso;
de entre perlas salió encubierto aviso
que me hace el vivir menos molesto.

No supe a quien quejarme del engaño,
que el Amor era ya desapartido   10
cuando caí en la cuenta de mi daño.

Pedí socorro al alma y el sentido
me respondió por ella, ¡ay, caso extraño!:
«¿no ves que la razón la haya rendido?»

XL

Si tantas partes hay por vuestra parte
para que os ame y que por vos suspire,
¿cómo queréis, mi bien, que me retire
de tal empresa y que de amar me aparte?

Si el cielo en sola vos muestra y reparte   5
tal gracia y tal beldad que el mundo admire,
¿cómo queréis, mi bien, que el alma aspire
a nueva hermosura o con cuál arte?

Si son nieve, oro, perlas y corales
los cabellos, la boca, el cuello, el pecho,   10
¿cómo queréis, mi bien, que no me encienda?

Si vuestros modos más que naturales
me tienen tan vencido y tan estrecho,
¿cómo queréis, mi bien, que me defienda?

XLI

Si con cien ojos como el pastor Argos,
antes si con cien mil mirase atento,
si alcanzase la vista al pensamiento,
si de Néstor tuviese el vivir largo,

    si el alma libre más, más sin embargo,   5
pusiese en sola vos su entendimiento,
no basta a ver las partes que sin cuento
el cielo de beldad os hizo cargo.

    La envidia que poner suele defecto
do no lo puede haber, arde y suspira   10
mirándoos, y a sí misma se reprueba;

    y el mundo, que subir con el concepto
no puede desde acá, mientras que os mira
cree por fe, sin desear más prueba.

XLII[5]

Alma del alma mía, ardor más vivo,
extremo de beldad única y rara,
ejemplo de valor por quien tan cara
la vida me es, de que antes era esquivo.

Fuera el decir cómo el concepto altivo   5
¡oh mi musa cruel!, menos avara
viérades, si en el mundo se os mostrara
cuanto de vos dentro del alma escribo.

Mas, ¿qué puedo hacer si amor me inspira?:
cantar vuestro valor alto y divino   10
al son de esta vulgar, rústica lira.

No saber más mis versos de un camino:
esto me dicta aquel que a amar me tira,
por pensada elección, no por destino.

---

5   En la edición de Joaquín Hazañas y la Rúa es el Soneto III.

XLIII

Luz que en el fuego vivo, en el tormento
mayor que se haya visto entre mortales,
ardéis mi corazón con ansias tales
que en medio de su mal vive contento;

si las partes que en vos escribo y siento 5
a vuestro merecer no son iguales,
excúseme con vos mis propios males,
que embarazan el flaco entendimiento.

Y si no puede haber cosa que sea
igual a lo que sois, ¿cómo podría 10
mostraros comparando al que no vea?,

salvo pintando un bien la fantasía
con la imaginación, cual lo desea
y cual os pinta agora el alma mía.

XLIV

Luz que a mis ojos das luz más serena,
vida que da la vida al alma mía,
beldad por quien se aparta y se desvía
de sentir el sentido y enajena;

   gloria de mi dolor, bien de mi pena,
de todo mi pesar sola alegría,
fuego que hace arder mi fantasía
del más sabroso ardor que amor ordena;

   ¡pudiese yo, como querría, mostraros
el pecho abierto, do el amor ha escrito
cuanto quiero y no acierto a descubriros!

   Mas si no puede ser para moveros
que llegue ya mi mal a lo infinito,
¿qué más cierta señal que mis suspiros?

XLV

En esto podéis ver, señora mía,
la razón que tenéis de maltratarme,
que si vengo ante vos para quejarme
el temor me acobarda y me desvía.

Anda tan ciega ya mi fantasía   5
que llego alguna vez a aventurarme,
mas un no sé qué se es viene a estorbarme,
y no es, aunque parece, cobardía.

Ved cual debe de estar quien no se entiende:
que siendo causa vos del mal que siento,   10
de vos, que lo causáis, me cubro y celo.

Pues si mata el callar, decirlo ofende,
¿qué remedio tendrá quien su tormento
le tiene a vuestros pies ya por el suelo?

XLVI

Para justificarme en mi porfía
tal vez muevo la pluma que os alabe,
y antes de comenzar pide que acabe
de celoso temor la fantasía.

Pónesele delante al alma mía   5
temor que os perderé si tal se sabe,
y no decir de vos lo que en vos cabe
dice Amor que es traición y cobardía.

Hágome alguna vez más atrevido
y digo: «¡Qué temor tan sin prudencia!   10
¡Aménla cuantos hay debajo el cielo!»

Ved si debo de estar ya bien perdido,
cuando, siendo incurable mi dolencia,
pienso en ajeno mal hallar consuelo.

XLVII

Cruel y venturosa celosía,
si de humano sentido alcanzas parte,
¿por qué enemiga así quieres mostrarte
al mundo, a mí y a la señora mía?

Cuanta el mundo beldad mirar podría,   5
celas con importuna e envidiosa arte;
a mí causas dolor con tu cerrarte
y a mi señora ofende tu porfía.

Ella quiere ser vista por que vea
la tierra el mayor bien que puede verse,   10
y el cielo la beldad que allá desea.

¡Aquel fuego que en mí pudo encenderse
te abrase! Pero no, porque no sea
tu encenderse ocasión de tu esconderse.

XLVIII

Mientra, por alegrarme, el Sol mostraba
la divina beldad que en sí tenía,
de pura envidia de la gloria mía
nube enojosa, oscura, lo celaba.

Céfiro que a mirar atento estaba   5
aquel bien que la nube en sí escondía,
de enamorado, por mirar, la abría,
mas luego, de celoso, la cerraba.

El Amor, que mirando estaba el juego,
vencedor a la fin quiso mostrarse,   10
encendido quizá de un mismo fuego;

y a fuerza de saetas alargarse
hizo la nube que me tenía ciego,
o por cegarme más o por holgarse.

XLIX

    Si el celeste pintor no se extremara
en haceros extremo de hermosura,
si cuanto puede dar beldad natura
tan natural en vos no se mostrara,

    ni el retrato imperfecto se juzgara,   5
ni me quejara yo de mi ventura,
porque correspondiera la pintura
al vivo original do se sacara.

    Pero, dama, pues ya no vive Fidia,
ni humano genio basta a retrataros,   10
sin que quede confusa o falsa el arte,

    debéis, para que no muera de envidia
las menos que vos bellas, contentaros
con ver de lo que sois sola esa parte.

L

Pincel divino, venturosa mano,
perfecta habilidad única y rara;
concepto altivo do la envidia avara
si te piensa enmendar, presume en vano.

Delicado matiz que el ser humano   5
nos muestra cual el cielo lo mostrara;
beldad cuya beldad se ve tan clara
que al ojo engaña el arte soberano.

Artífice ingenioso, ¿qué sentiste
cuando tan cuerdamente contemplabas   10
el sujeto que muestran tus colores?

Dime, si como yo la vi, la viste,
el pincel y la tabla en que pintabas,
y tú, ¿cómo no ardéis, cual yo, de amores?

LI

   Si de una piedra fría enamorado,
pudo Pigmalión mover el cielo,
si pudo a tanto ardor poner consuelo
falso espíritu en ella transformado,

   siendo retrato vos tan bien sacado   5
de la mayor beldad que hay en el suelo,
y siendo ante mi ardor el suyo un hielo,
¿por qué no me ha el Amor a mí engañado?

   Ay de mí ¿Para qué? ¿Qué es lo que pido?
¿Si espíritu tuviese esa pintura,   10
podría mejorarse mi partido?

   No, porque en caso tal ¿quién me asegura,
si os hubiese en las mañas parecido
tanto como os parece en la hermosura?

LII

Ojos, rayos del Sol, luces del cielo,
que con un volver manso y piadoso,
en el trance más fuerte y peligroso
me solías de dar mayor consuelo,

¿qué ceño tan cruel, que oscuro velo   5
es el que mostráis tan temeroso?
¿Qué es del blando mirar, grave, amoroso,
que apartaba de mí cualquier recelo?

¿Qué es esto? ¿No sois vos aquellos ojos
que me suelen valer y asegurarme?   10
¿No me habéis dado vos mil desengaños?

Pues, ojos, ocasión de mi enojos,
¿por qué agora miráis para matarme?
¿Cabe en tanta beldad tales engaños?

LIII

No por el cielo ver correr estrellas,
ni por tranquilo mar navíos cargados,
ni en plaza tornear hombres armados,
ni a caza en bosque ver ninfas muy bellas;

ni en gran oscuridad volar estrellas, 5
ni llenos por abril de flor los prados,
ni galanes en sala aderezados,
ni en cabello bailar tiernas doncellas;

no el Sol en el nacer de un claro día,
ni árboles de flor y fruta llenos, 10
ni fuego sobre nieve helada y fría;

ni todo cuanto hay más ni cuanto hay menos
de hermoso en el mundo, igualaría
vuestro dulce mirar, ojos serenos.

LIV

De sola la ocasión ledo y gozoso,
dijo Vandalio a Amor: «Por un halago
corre en cama dorada el rico Tago,
Pactolo sea de perlas abundoso;

   desee con su virtud quedar famoso   5
el que el sacro laurel quiere por pago,
vaya arando la mar, cual hizo Lago,
aquél que de riquezas es cuidoso;

   gobierne el reino aquel que lo procura,
sea el mundo de aquél que lo conquista,   10
y cada cual se goce con su estado.

   Yo no pido ni quiero más ventura
salvo que pueda de una dulce vista
solamente mirar y ser mirado.»

LV

Como se turba el Sol y se oscurece
si nube se interpone o turbio el cielo,
dejando oscuro y triste acá en el suelo
todo cuanto con él claro parece;

y como estando así nos aparece 5
fuera de aquella nube y de aquel velo,
y llevando lo oscuro el aire a vuelo,
la claridad del Sol más resplandece;

tales me son a mí vuestros enojos,
que mirándoos airada o descontenta 10
se torna oscura noche el claro día;

mas, en viendo la luz de vuestros ojos,
alegre luego el alma os me presenta,
mil veces más hermosa que solía.

LVI

Como la simplecilla mariposa
a torno de la luz de una candela
de pura enamorada se desvela,
ni se sabe partir, ni llegar osa;

vase, vuelve, anda, torna y no reposa,   5
y de amor y temor junto arde y hiela,
tanto que al fin las alas con que vuela
se abrasan con la vida trabajosa.

Así, mísero yo, de enamorado,
a torno de la luz de vuestros ojos   10
vengo, voy, torno y vuelvo y no me alejo;

mas es tan diferente mi cuidado
que en medio del dolor de mis enojos
ni me acaba el ardor, ni de arder dejo.

LVII

Ojos, ¿ojos sois vos? No sois vos ojos,
antes ira del cielo extraña y fiera.
Mas, ojos, si lo sois, ¿de qué manera
roban vuestra beldad vuestros enojos?

Ojos, ¿ojos sois vos? Tristes enojos; 5
que no sois ojos ya, sois fin postrera.
Mas, ojos, si lo sois, antes que muera
mostradme os agradáis de mis despojos.

Ojos, no os pido yo que el ceño airado
lo levantéis de mi, más limitada 10
hace mi petición mi mala suerte.

Mas, ojos, pues tan claro habéis mostrado
que mi vivir os cansa y desagrada,
mostrad hora agradaros de mi muerte.

LVIII

Si el mudarme el color, si el alterarme,
si el súbito alegrar y entristecerme,
si el irme de do estáis y detenerme,
si el partirme de vos y no apartarme,

si aquel viéndoos airada, ardiendo helarme,   5
y en el hielo de olvido el encenderme,
si el huir de mi bien para perderme,
y el procurar mi mal para ganarme.

indicios pueden dar si son, señora,
prueba del gran dolor que me atormenta,   10
¿para qué me tratáis de esta manera?

Si el alma de esta vida que os adora
de vuestra vida vive y se alimenta,
¿por qué os mostráis cuando me veis tan fiera?

LIX

Mil veces mientra en vos estoy pensando,
a tanta perfección buscando falta,
no hallo parte que no sea tan alta
que el seso desfallece imaginando.

Pero mientras así estoy considerando   5
el sentido se queja y sobresalta,
y prueba que piedad, señora, os falta,
pues tratáis mal quien por vos muere amando.

Bien sé que no tenéis de esto disculpa,
mas quiéroosla yo dar por encubriros   10
la falta que yo mismo os he hallado.

Quejaos de mí, ponedme alguna culpa
que os disculpe de haberme maltratado:
yo diré que es verdad por más serviros.

LX

Si de Roma el ardor, si el de Sagunto,
de Troya, de Numancia y de Cartago,
si de Jerusalén el fiero estrago,
Belgrado, Rodas y Bizancio junto;

si puede a piedad moveros punto 5
cuanto ha habido de mal del Indo al Tago,
¿por qué del fuego que llorando apago
ni dolor, ni piedad en vos barrunto?

Pasó la pena de éstos, y en un hora
acabaron la vida y el tormento, 10
puestos del enemigo a sangre y fuego.

Vos dais pena inmortal al que os adora,
y así vuestra crueldad no llega a cuento
romano, turco, bárbaro ni griego.

LXI

Mientra con gran terror por cada parte
de Roma ardían las moradas bellas,
mientra que con el humo a las estrellas
subía el clamor del gran pueblo de Marte,

alegre está Nerón, subido en parte   5
do viendo el fuego, oía las querellas,
mirando entre las llamas cuáles de ellas
eran mayores, do su furia harte.

Así del alma mía la que gobierna
mi vida, mira el fuego, escucha el llanto   10
y tiene el mayor mal por mayor juego;

y, a guisa de Nerón, se alegra tanto
cuanto más viendo en mí durar el fuego
piensa hacer su crueldad eterna.

LXII

Luz de estos ojos tristes que solía
alegrarlos mirando alegremente,
vida por quien la mía ahora siente
harto más que el morir vuestra porfía,

¿por cual razón, ¡ay, bien del alma mía!   5
turbado por un súbito accidente
luego a mi verdad no se consiente?
¿Cual injusta ocasión de mí os desvía?

Si mi vivir, señora, os desagrada,
si dura mucho ya una buena suerte,   10
si privarme queréis del bien pasado,

no os me enojéis, no os me mostréis airada:
que como me quitasteis de la muerte,
me la podéis volver de vuestro grado.

LXIII

Dama, tan claro en vos Amor me muestra
de su cautela la experiencia clara
que si el alma engañar no se dejara,
en vuestro gesto vio la clara muestra.

La culpa de Amor fue, la gloria vuestra,   5
la pena mía, y tal, que me bastara
sin que os sacara el mal todo a la cara
el ciego que por vos mi vida adiestra.

El calor de esta fiebre que os ofende
ha hecho en mi dolor efecto extraño,   10
muy contrario de aquél que yo temía.

A vos os hiela el fuego, a mí me enciende;
en vos crece beldad, en mí el engaño
hace el deseo mayor que ser solía.

LXIV

   Como el calor de la celeste esfera
calienta y vivifica y da consuelo
cuanto hay elemental acá en el suelo,
árbol, planta, animal, flor, hierba o fiera,

   así, señora, Amor de esta manera   5
los pechos arde de amoroso celo,
sino ése vuestro que por ser de hielo,
de mal tan general se queda fuera.

   Pero si el Sol al mayor hielo ofende,
lo consume y deshace, como vemos,   10
el vuestro ante mi ardor, ¿quién lo defiende?

   Y si ambos de su ardor nos defendemos,
¿cómo se hiela en vos y en mí se enciende?
¿Caben en un sujeto dos extremos?

LXV

Dulce enemiga mía, hermosa fiera,
si las obras de Amor mirar queremos,
iguales con el Sol las hallaremos
una regla guardar y una manera.

Cerca la tierra el Sol dentro y de fuera,   5
y la cera derrite como vemos.
¿De dónde vienen, pues, tales extremos?
¿Los rayos no son todos de una esfera?

Amor os hiela a vos y a mí me enciende,
en mí acrecienta ardor y en vos desvío,   10
yo soy un fuego ya, vos toda un hielo.

¿Pues cómo puede ser? ¿Hay quién lo en-
tiende?
Si procede de Amor el ardor mío,
¿el hielo vuestro es permisión del cielo?

LXVI

Si contra Amor, señora, andáis armada
de aquel frío saber que Amor contiene,
si os guía la razón, si ella os defiende,
no es gran caso no estar enamorada.

De poco amor, Amor se desagrada; 5
no puede Amor crecer do el seso entiende;
si el juicio gobierna, Amor se ofende;
do no hay pasión, Amor no puede nada.

Pero si permitiese el hado mío,
cosa que podría ser, que Amor hallase 10
entrada en ese pecho de diamante,

a pagar de mi alma aquel desvío
en blando consentir se transformase,
¿qué freno hay que tener pueda un amante?

LXVII

¿Cual fiera tempestad, cual accidente
mi tan sereno mar ha vuelto airado?
¿Qué es del fuego, señora, en que abrasado
fue vuestro corazón tan dulcemente?

Si en el perpetuo olvido amor consiente   5
que así se haya deshecho y apagado,
¿qué fue, si no fue amor, mi bien pasado?
Y si fue amor, ¿qué es de él, do está presente?

Ya que justa ocasión de mí os partiese,
¿cómo puede hora ser que en solo un hora   10
tanto amor, si era amor, de vos se fuese?

Sombra de amores fue, no amor, señora:
mostrásteme la luz por que sintiese
mayor oscuridad sin ella agora.

LXVIII

¡Ay, vivo fuego, ay, fiero pensamiento,
ay, rabioso dolor, pasos cansados,
ay, recelos de Amor desesperados,
ay, triste, congojoso sentimiento!

¡Ay, alto desear sin fundamento, 5
ay, vana empresa llena de cuidados,
ay, ríos, fuentes, selvas, bosques, prados,
ay, esquiva ocasión de mi tormento!

¡Ay, verdes murtas, árboles hermosos,
ay, lugar que ya fue ledo y jocundo, 10
do gastaba mi tiempo en dulce canto!

Espíritus alegres y amorosos,
si alguno vive acá en el bajo mundo,
muévaos hora a piedad mi triste llanto.

LXIX

El triste recordar del bien pasado
me representa el alma a mi despecho,
y el pensar que pasó me tiene hecho
de esperar que será, desesperado.

Ando de un no sé qué mal aquejado,   5
que me parece que me roe el pecho;
pienso que es desear, pero sospecho
que no da el desear tanto cuidado.

Pues, si no es desear, ¿qué es lo que siento?
Yo sé que no es temor, tampoco es celo,   10
que no me da vuestro valor licencia.

¿Si es fuerza de amoroso pensamiento?
No, que el pensar consigo trae consuelo.
Mas, ¡ay!, que ya sé que es: no es sino abstencia.

LXX

¡Ay, dulce tiempo por mi mal pasado,
en el cual me vi yo de amor contento!
¡Cómo se fue volando con el viento
y sola la memoria en mí ha quedado!

¡Ay, triste tiempo lleno de cuidado   5
de dolor y pesar, pena y tormento!
¿Quién hace así tardar tu movimiento?
¿Cómo vas tan despacio y tan pesado?

Si tanto bien no mereció mi suerte,
¿cuál desdicha ordenó que lo gustase?   10
Y si era bien, ¿por qué fue mudable?

Y si había de venir un mal tan fuerte
tras él, para que más me lastimase,
¿por qué es mi mal más que mi bien estable?

LXXI

Estrella que mi mal todo influiste,
del bien que ya pasó eclipsada esfera,
que al florir de mi verde primavera
en invierno enojoso convertiste.

Sigue tu curso pues, oscuro y triste, 5
muéstrate, si sabrás, airada y fiera,
que yo siempre seré el que antes era
y tú ya no serás quien siempre fuiste.

De mal vaya a peor mi mala suerte,
que no podrá estorbarme aquella gloria 10
que en la mente quedó del bien perdido;

salvo si de piedad hace la muerte
que pague con la vida la memoria
el lago oscuro del eterno olvido.

LXXII

Pasan tan prestos los alegres días,
volando sin parar apresurados,
y del perdido bien acompañados
llevan tras sí las esperanzas mías.

Mas los que traen las ansias, las porfías,   5
temor, recelos, bascas y cuidados,
éstos pasan despacio, tan pesados,
que parecen que van por otras vías.

Pues si no muda el Sol su movimiento,
si regla cierta en sus caminos guarda,   10
si no se puede errar orden del cielo,

las horas enojosas del tormento
¿por qué tan luengas son? ¿Cómo se tarda?
Y las alegres, ¿quién las lleva en vuelo?

LXXIII

Llorando vivo y si en el fiero pecho
de la enemiga mía pudiese el llanto
cuanto pudo en su tiempo el dulce canto,
seríame el llorar honra y provecho.

Mas quien me tiene ya casi deshecho,   5
de mi bien o mi mal no cura tanto,
y así conviene a mi pesar que cuanto
fue el bien, sea ahora el mal de que sospecho.

Y porque en mi llorar más dolor halle,
quiso ordenar Amor, que era enemigo,   10
que lo que más querría decir, más calle.

Ved cuál estoy, qué extremo es el que sigo:
que llorando mi mal, para contalle,
la causa callo y los efectos digo.

LXXIV

Mientra en mí la esperanza florecía
alegre el corazón vivió cantando,
mas hora que el temor la va secando
paso el tiempo en llorar la pena mía.

Entonces de un pensar dulce vivía,   5
hora en pensar y más pesar pensando,
en amargo dolor va transformando
cuanto antes dentro en él de dulce había.

Ha tomado del alma mía gobierno
un triste recelar, que con espanto   10
amenaza hacer mi mal eterno.

Por lo cual, si tal vez en dulce canto
me pruebo, sale del dolor interno
interrota la voz y envuelta en llanto.

LXXV

Ved si el Amor, señora, es cauteloso,
ved qué desigualdad guarda en sus fueros,
que mi daño mayor nace de veros
y de no os ver un mal más peligroso.

Mirándoos, siento el alma en un rabioso 5
deseo que jamás puedo moveros;
no viéndoos aquella ansia de quereros
me hace el desear más trabajoso;

no viéndoos, se enflaquece el sufrimiento;
en viéndoos, me desmayo y acobardo 10
y a los pies del dolor queda el sentido.

Ved, pues, si es nueva suerte de tormento:
que el peligro mayor de que me guardo
es el bien que con más congoja pido.

LXXVI

Ponzoña que se bebe por los ojos,
dura prisión, sabrosa al pensamiento,
lazo de oro cruel, dulce tormento,
confusión de locuras y de antojos;

    bellas flores mezcladas con abrojos,   5
manjar que al corazón trae hambriento,
daño que siempre huye el escarmiento,
minero de placer lleno de enojos;

    esperanzas inciertas, engañosas,
tesoro que entre el sueño se parece,   10
bien que no tiene en sí más que la sombra;

    inútiles riquezas trabajosas,
puerto que no se halla aunque parece;
son efectos de aquel que Amor se nombra.

LXXVII

Traducción de un soneto toscano

Querría saber, amantes, cómo es hecha
esta amorosa red que a tantos prende,
cómo su fuerza en todo el mundo extiende
o cómo el tiempo ya no la desecha.

Si Amor es ciego, ¿cómo se aprovecha   5
a hacer las saetas con que ofende?
Si no las hace Amor, ¿qué se las vende?
¿Con cuál tesoro compra tanta flecha?

Si tiene, como escriben los poetas,
en una mano el arco, en otra el fuego,   10
¿las saetas, la red, con qué las tira?

Las armas del Amor, tirano ciego,
un volver de ojos es que alegre os mira,
no el arco ni la red, fuego y saetas.

LXXVIII

«¿Por que es ciego el Amor?» «Porque con
    ojos
ajenos, ya que puede ver, se guía.»
«¿Por qué tan niño por la incierta vía?»
«Que tiene en gobernarse por antojos.»

«¿Desnudo?» «Por mostrar que sus enojos   5
natura los produce, ella los cría.»
«¿Por qué tiene alas?» «Porque en solo un día
da y quita libertad, vida y despojos.»

«¿Por qué le dan el arco y las saetas?»
«Por el libre poder que en todos tiene.»   10
«¿Y el fuego?» «Porque arder almas le agrada.»

«¿Por qué son de oro, pues, las más perfectas
y otras de plomo?» «Porque amando pene
el desamado de la cosa amada.»

LXXIX

«Amor, ¿qué es esto?» «Amor» «Mayor mal
   siento
que amor.» «¿Pues qué es?» «No sé» «¿Dónde te
   ofende?»
«En el alma.» «¿Con qué fuego la enciende?»
«¡Fuego, sí!» «¿Quién lo enciende?» «El pensa-
   miento.»

«¿Arde?» «Abrasa que parte el sentimiento.» 5
«¿Cómo de imaginar note defiende
la causa?» «No.» «¿Por qué?» «Porque des-
   ciende
muy alta.» «¿A buscar qué?» «Mi perdimiento.»

«¿Luego no es fuego?» «No, que será rabia.»
«¿Huyes del agua?» «No.» «¿Cómo?» «Llo-
   rando.»   10
«¿Descanso es desear?» «No.» «¿Es pesti-
   lencia?»

«¡Plugiera a Dios!» «¿Por qué?» «Que a quien
   me agravia
se pegara.» «¿Es recelo?» «Recelando
muero.» «¡Ya sé lo que es!» «¿Qué es, pues?»
   «Ausencia.»

LXXX

«Siendo de vuestro bien, ojos ausentes,
¿qué veréis donde vais que no os ofenda?»
«Oscuro Sol, monstruosa Luna horrenda,
tigres, osos, leones y serpientes.»

«Oídos, ¿qué oiréis entre las gentes?»   5
«Llanto, suspiros, lágrimas, contienda.»
«Por el cuál camino iréis o por cuál senda
que espinas no piséis, pies diligentes?»

«Boca, ¿qué gustarás?» «Mortal veneno.»
«Manos, ¿qué haréis» «Cruel oficio.»   10
«¿Y tú, mi corazón?» «Dolor sin alma.»

«Alma, ¿qué haréis vos?» «Penar cual peno.»
«Pues, ¡sus!, aparejaos al sacrificio,
oídos, ojos, pies, manos, boca, alma.»

LXXXI

Tiéneme ya el dolor tan lastimado,
está ya tan dañado el sentimiento,
que ningún nuevo mal de nuevo siento
que no hiere en lugar de antes llagado.

Estoy ya del vivir tan enfadado 5
que habría dado fin a mi tormento,
mas sale de través tal pensamiento,
que me es fuerza tornarme a mi cuidado.

Dice la enamorada fantasía
que de tal ocasión tal pena viene, 10
que me esfuerce en la fuerza del deseo.

Mas, tan lejos de vos, señora mía,
tanto menos mi mal consuelo tiene
cuanta razón por vuestra parte veo.

LXXXII

    Mientras las tiernas alas, pequeñuelo,
mi nuevo desear firmes hacía,
mientra de mí alejarse no podía,
por ser nueva la pluma, a mayor vuelo,

    obediente me estaba, y al señuelo,   5
a la primera voz, luego acudía,
ni de volar tan alto presumía,
que con los pies no fuese por el suelo.

    Hasta que con el tiempo ya crecida
la pluma, por su mal, de puro ufano,   10
sacándolo a volar mi mala suerte,

    le lanzó a una esperanza tan perdida
que ni el deseo vuelve ya la mano,
ni parará hasta hallar la muerte.

LXXXIII

Más fácil es, señora, el abstenerse
de desear, a un hombre enamorado,
que después que algún tiempo ha deseado,
medida al desear pueda ponerse.

Puede uno rehusar, puede tenerse 5
de no entrar en lugar que viere helado,
mas si una vez entro, después de entrado,
no es en él esperar ni detenerse.

Bien pudiera no os ver cuando no os vía,
no viéndoos no os amara, y no os amando 10
no deseara el bien que ahora deseo.

Mas después de sujeta el alma mía,
Amor, que me sostiene deseando,
no consiente poner freno al deseo.

LXXXIV

De la contemplación del pensamiento
crece la voluntad mi fantasía;
del dulce imaginar del alma mía
hace el Amor en mí firme cimiento;

del pensar nace en mí el contentamiento   5
que da más viva fuerza a mi porfía;
tanto mi desear las alas cría
cuanto nacen de más conocimiento.

Las partes que de vos esta alma entiende,
mientras que más las voy considerando   10
mayor ardor al corazón envío:

como fuego que tanto más se enciende
cuanto más leña en él irán echando.
¡Ved, pues, si es inmortal el fuego mío!

LXXXV

El tiempo es tal que cualquier fiera agora
ama su igual y por él llora o canta;
muestra el ciervo en bramar fiereza tanta,
mas a la cierva es dulce y la enamora;

la ronca voz del cuervo de hora en hora   5
cualquier dureza de su par quebranta;
y el triste ruiseñor su amiga espanta,
por lo cual se lamenta, aflige y llora.

Si yo me quejo, la razón me sobra,
pues ni tener respeto al ser constante   10
vale, ni tanto amar a ser amado.

Amor lo hace, y muestra bien ser obra
suya hacer que valga un ignorante
dichoso más que un cuerdo desdichado.

LXXXVI

Señora, pues mis ojos merecieron,
no por su merecer, mas por ventura,
ver el hermoso Sol de tu figura,
no padezca yo el mal del bien que vieron.

Que da la presunción que en sí tuvieron, 5
de osar mirar tan alta hermosura,
se le ofrece a mi alma una tristura,
no sé por qué, mas sé que ellos lo hicieron.

Y sé también que si el remedio viene,
ha de venir, señora, de tu mano, 10
porque es el solo que a mi mal conviene.

Y sé que no será poder humano
para apartar la fuerza que en mí tiene:
antes todo será dañoso y vano.

LXXXVII

Por una alta montaña, trabajando
por llegar a la cima deseada,
una piedra muy grande y muy pesada
sube Sísifo a cuestas suspirando.

Mas no tan presto arriba llega cuando   5
rodar la deja abajo, y no es llegada,
que subilla otra vez y otra le agrada,
de un trabajo otro nuevo comenzando.

Así sube, señora, el alma mía
con la carga mortal de mis cuidados   10
la montaña de la alta fantasía.

Y aún no son unos males acabados,
cuando la obstinación de mi porfía
sigue los que me están aparejados.

LXXXVIII

De la pena de Sísifo se cuenta
que sube un grave peso a una montaña
áspera, inhabitable, oscura, extraña,
do cuanto puede ver, más le atormenta.

Subido a la alta cima, antes que sienta   5
descanso alguno, el desear le engaña,
y soltando la carga que le daña,
de nuevo torna a la pasada afrenta.

Así, sube, señora, el alma mía
por ásperos caminos desusados   10
a la cumbre de la alta fantasía.

Mas no son unos males acabados,
cuando la obstinación de mi porfía
sigue los que le están aparejados.

LXXXIX

Como teniendo en tierra bien echadas
las raíces un árbol se sostiene,
y como del humor que de ellas tiene
las ramas son criadas y guardadas;

como si le serán todas cortadas,　　　　5
no por eso se seca o se detiene,
antes torna a brotar y a mostrar viene
otras en su lugar luego criadas;

así de mi esperar siendo cortado,
por la mano cruel de algún desvío,　　　10
con las ramas el fruto deseado,

de la raíz que está en el alma envío
humor a la esperanza, y, de obstinado,
con nuevas ramas a esperar porfío.

XC

Amor me tira y casi a vuelo lleva
por do mi presunción hizo la vía;
tan alta va mi loca fantasía
que las nubes pasar volando prueba.

No espero ya que el fin de Ícaro mueva   5
la dura obstinación de mi porfía,
pues veo que el ardor que la desvía
el mismo la rehace y la renueva.

Está el alma una nueva Fénix hecha
y en fuego de dolor que ha fabricado   10
se consume y renace cada hora.

Quiérelo así el Amor, y es ley derecha
que siendo Fénix vos, fuese forzado
Fénix la mísera alma que os adora.

XCI[6]

Amor mueve mis alas, y tan alto
las lleva el amoroso pensamiento,
que de hora en hora sí subiendo siento
quedar mi padecer más corto y falto.

Temo tal vez mientras mi vuelo exalto,　　5
mas llega luego a mí el conocimiento
y pruébase que es poco en tal tormento
por inmortal honor un mortal salto.

Que si otro puso al mar perpetuo nombre
do el soberbio valor le dio la muerte,　　10
presumiendo de sí más que podía,

de mí dirán: «Aquí fue muerto un hombre
que si al cielo llegar negó su suerte,
la vida le faltó, no la osadía.»

---

6   En la edición de Joaquín Hazañas y la Rúa es el Soneto XI.

XCII

El cielo de sus altos pensamientos
con las alas de amor ledo subía
Vandalio, y ni el peligro lo desvía
ni le ponen temor mil escarmientos.

Las nubes deja atrás, deja los vientos,   5
vencidos del valor de su osadía,
cuando de las palabras que decía
al Sol, suenan acá tales acentos:

«Si fue temeridad, ojos del cielo,
osar tan sin valor volar tan alto,   10
sabiendo de Faetón el caso fiero,

consentidme una vez que sin recelo
mire vuestra beldad; después si el salto
viniera a ser mortal, mortal lo quiero.»

XCIII

Pues dio fin de Fetonte su osadía,
siendo vana gloria el interese,
y no dejó soberbia que emprendiese
a Júpiter echar de do vivía,

no os debe de espantar mi fantasía, 5
señora, pues Amor quiso que fuese
el más subido ejemplo que se oyese
que un corazón humano emprendería.

Y así se va ordenando nueva pena
que a todas las pasadas dará olvido 10
que bien sé yo que no me iré alabando.

Consuélame ser vos la que lo ordena;
licencia de quejarme no la pido,
y arríscaseme el alma suspirando.

XCIV

Si no os digo verdad, si en algo os miento,
sobre mi vida torne el desengaño;
si falta hay en mi fe, si os trato engaño,
dolor no quepa en vos del mal que siento;

si no sois causa vos del mal que siento   5
de vos sea yo tratado como extraño;
si por vos tengo en algo el mayor daño,
no pueda en vos caber consentimiento;

si no estáis hecha ya sola señora
de aquella libertad que no era mía,   10
¡plega a Dios que sin vos y ella me vea!

Mas si la mísera ánima os adora,
si está llena de vos mi fantasía,
¿qué puedo yo decir que a sí no sea?

XCV

Tanto espacio de tierra y tan gran seno
de mar, tantas naciones tan extrañas,
tantos tormentos y ásperas montañas,
ni el Alpe de terror y fieras lleno;

    ni tanta soledad, ni el verme ajeno		5
de aquel bien que me rasga las entrañas,
ni los males, las iras, ni las sañas
de amor, ni el no tener un rato bueno;

    ni el temor de la muerte que presente
traigo de cada hora, diferencia		10
harán en mí de aquél que ser solía.

    Era mi fe, señora, indiferente,
¿pero quién me asegura en tanta ausencia
que la vuestra será cual es la mía?

XCVI

Por esta faz, por esta bella mano
que tan impresa está en el alma mía,
por estos ojos que hicieron vía
dentro en mi corazón a aquel tirano,

   por esta boca que igualar en vano 5
a cosa terrenal presumiría,
y por este color que me desvía,
mirando su beldad, del ser humano,

   por esta vaga frente que refrena,
ornada del color de estos cabellos, 10
el vano desear cuando más ciego,

   juro que otra beldad no me da pena,
y llamo en testimonio de mí y de ellos,
el cielo, el aire, el mar, la tierra, el fuego.

XCVII

Si vos pensáis que por un ceño airado,
por abajar los ojos y enojaros,
o por huir de mí, por alejaros,
torcer el rostro con mirar turbado,

saldréis del alma mía, o que el cuidado 5
pueda en otro ocupar que en adoraros,
justa causa será para apartaros
estar en ella vos sin vuestro grado.

Tal gracia, tal beldad, cierto, se ofende
pues, en un alma rústica, grosera, 10
tan pobre de valor, tan defectuosa.

Pero si el hado vuestro a vos defiende,
mejor morada proveed, siquiera:
que ésta os pueda agradar, pues forzosa.

XCVIII

Si no fuese juzgado atrevimiento,
si vuestra crueldad lo comportase,
que vuestro servidor llamar osase,
de solo el nombre viviría contento.

Tal os pinta en mi alma el pensamiento 5
que no os miré jamás que no juzgase
temeridad el bien que desease,
y de tal desvarío me arrepiento.

Enójome de haber más deseado,
y acusando a mí mismo mi locura, 10
de cuanto deseé no quiero nada.

Solo en veros consiste mi ventura;
todo lo por venir me desagrada;
el bien presente es más que el mal pasado.

XCIX

La víbora cruel, según se escribe,
si a alguno muerde, es ya caso sabido
que no escapa de muerto el tal mordido,
por poco que el veneno en él se avive.

Pero si por ventura acaso vive, 5
que aunque es dificultoso ya se vido,
queda de otro veneno defendido
que ni le empece ni hay por qué lo esquive.

Ya que por mayor mal quiso ventura
que no muriese yo después que el cielo 10
me dejó ver en vos su hermosura,

no tengáis de mi fe, dama, recelo,
que el ser sujeto vuestro os asegura
que no me encenderá beldad del suelo.

C

De sola religión vana movido,
bárbaro, que en su fe piensa salvarse,
de la patria, tal vez, suele alejarse
y en la extraña pasar desconocido.

Pobre, cansado, solo y afligido,   5
adorado el lugar do fue a votarse,
por más no ver, quiere del ver privarse,
no creyendo ya ver más bien que vido.

Si el ver otra beldad no he procurado,
de aquí viene, señora, y de aquel fuego   10
que en mi alma se enciende de miraros.

De ver otras yo mismo me he privado;
y en medio de mi mal quedé, aunque ciego,
contento con el bien de contemplaros.

CI

Sigue a la oscura noche el claro día,
y aquella oscuridad que el aire hace,
el Sol la aclara toda y la deshace,
y la sombra y temor de sí desvía.

Así de mi verdad, señora mía, 5
el Sol que alguna vez mirar os place,
aclara, justifica y satisface
la oscuridad que mala lengua envía.

Desterrad, pues, por Dios, aquella sombra
que el aire os ocupó claro y sereno, 10
para que el Sol de la verdad se vea.

Y entonces, si de mí cosa os asombra,
veréis de un tal amor mi pecho lleno,
tan claro que no hay Sol que más lo sea.

CII

Por vos ardí, señora, y por vos ardo,
y arder por vos mientras viviere espero,
o contraste el deseo el hado fiero,
o sea favorable al bien que aguardo.

Tan a lo vivo a penetrado el dardo   5
de Amor, que cuando menos bien os quiero,
por vos deseo morir, y por vos muero,
y por vos sola de morir me guardo.

Vos el primer ardor fuisteis al alma,
vos último seréis en la última hora;   10
y creed a mi fe lo que os promete.

Bien podrá de mi muerte haber la palma,
más después se verá, cual es ahora,
pasar el fuego mío de allá de Lete.

CIII

   No tenga yo jamás contentamiento,
ni pare hasta el alma el dolor mío,
ira, saña y desdén, pena y desvío
sean la paga al fin de mi tormento;

   fálteme al mejor tiempo el sufrimiento,
nunca suspiro oigáis de los que envío,
el corazón tengáis de nieve frío
ante el ardor que a vuestra causa siento;

   de otro os pueda ver enamorada,
reíros de mi mal, menospreciarme,
ni de cuanto dijere creáis nada,

   si basta otra beldad a enamorarme;
ni la busco, ni quiero, ni me agrada,
ni puede, sino vos, cosa agradarme.

CIV

Si os amo, si os he amado y si he de amaros
más que es o fue mujer ni será amada,
no me lo agradezcáis, ni os pido nada,
ni vale el ardor mío para obligaros.

Aquel que tantas partes quiso daros   5
cubiertas de beldad tan extremada,
a solo Aquel podéis ser obligada
que puso tanto en vos para adoraros.

No pudo yo llamarme en esto a engaño:
muy claro vi el camino de perderme,   10
tanto que agora me parece extraño.

Lo que vos no podéis negar deberme
es que entendí al principio el desengaño
y no quise, aunque pude, defenderme.

CV

Ni por mostrarse blanda ni piadosa
la imagen que en el alma Amor me sella,
ni porque ceda a su color más bella
el blanco lirio y la bermeja rosa,

ni por mostrarse fiera y desdeñosa, 5
ni por fingir de mi falsa querella,
ni por estar presente o nunca vella,
ni por estar contenta ni quejosa,

mi alma se verá que de otro fuego
arda jamás, ni que se borre un punto 10
la imagen que ya en ella está esculpida.

Tan dulce hizo Amor el nudo ciego
que no puede amargar, si todo junto
fuese de ajenjo el resto de mi vida.

CVI

Como en cera imprimir sello podría
lo mismo que en aquel fuese esculpido,
de aquel anillo, que en señal ha sido
dado de la fe vuestra a la fe mía,

el nombre me quedó que en él tenía, 5
desde el dedo en el alma así imprimido
que en el mismo metal fue convertido
el corazón, que mal se defendía.

Bien fue que fuese así, porque mudado
en oro el corazón siempre se vea 10
mientras se abrasa más, más afinado.

Vencerme otra beldad ninguno crea:
que nadie compra esclavo señalado
do el nombre del señor escrito sea.

CVII

Si es verdad, como está determinado,
como en casos de Amor es ley usada,
transformarse el amante en el amada,
que por el mismo Amor fue así ordenado,

yo no soy yo, que en vos me he transformado; 5
y el alma puesta en vos, de sí ajenada,
mientra de vuestro ser solo se agrada,
dejando de ser yo, vos se ha tornado.

Mi seso, mis sentidos y mis ojos
siempre vos los movéis y los moviste 10
desde el alma do estáis hecha señora.

Si cosa he dicho yo que os diese enojos,
mi lengua solo fue pronunciadora,
mas vos que los movéis, vos lo dijiste.

CVIII

Como de duro entalle una figura
con gran facilidad se imprime en cera,
y como queda siempre aquélla entera
mientras que otra imprimir no se procura,

tal en mi alma vuestra hermosura 5
ha esculpido el Amor cual en vos era,
y hala dejado siempre en la primera,
viendo que de alguna otra no se cura.

El cuerpo, que a seguir el alma aspira,
por no haber parte en él de vos ajena, 10
muestra en sí mil imágenes iguales:

como sala que esta de espejos llena,
que la imagen de aquél que en uno mira
en todos muestra siempre unas señales.

CIX

¡Oh Sol, de quien es rayo el Sol del cielo,
en cuyo resplandor es alumbrada
el alma, que en tinieblas sepultada
vivió hasta verte, oh Sol, en este suelo!

No sufras, claro Sol, que oscuro velo   5
de ausencia viva esta alma condenada,
que aunque de donde estás, está apartada,
aspira siempre a ti con alto vuelo.

Temor de olvido, grave mal de ausencia,
del tiempo el vario curso y de fortuna,   10
y el mal de no te ver, estoy pasando.

Mas por rodar del cielo, Sol y Luna,
no temas, claro Sol, que tu presencia
olvide, pues por fe la estoy mirando.

CX

Tan puesto tengo en vos el pensamiento
que ya ni pienso en mí, ni pensar quiero;
si tengo bien, por vos pasa primero;
de vos viene si tengo algún tormento.

Hace mi voluntad su fundamento   5
en la vuestra, y recíbela por fuero;
en mi propio querer soy el postrero,
solo lo que queréis quiero y consiento.

Si alegre os veo a vos, luego me alegro;
si tristeza tenéis, luego estoy triste;   10
si os volvéis alegrar, vuelvo alegrarme.

Lo negro es blanco y lo blanco es negro
como queréis: luego al alma viste
el efecto que vos queréis mostrarme.

CXI

Si de Amor y de vos tan poco fío,
del Amor y de vos nace este celo;
de vuestra honestidad nada recelo;
menor es contra vos mi desvarío.

Que vuestra voluntad me dé un desvío   5
hace que tema Amor, del nace un celo
tal que vengo a temer si amáis al cielo.
¡Ved hasta dónde llega el dolor mío!

Jamás tuve de vos una sospecha,
ya que tenerla cierta es imposible,   10
ni otra cosa deseé que otros desean.

Que con mi voluntad la vuestra estrecha
estuviese deseo, y, si es posible,
tan juntas que las dos una alma sean.

CXII

Leandro que de amor en fuego ardía,
puesto que a su deseo contrastaba
el fortunoso mar que no cesaba,
nadando a su pesar, pasar quería.

Mas viendo ya que el fin de su osadía   5
a la rabiosa muerte lo tiraba,
mirando aquella torre donde estaba
Hero, a las fieras ondas se volvía;

a las cuales con ansia enamorada
dijo: «Pues aplacar furor divino   10
enamorado ardor no puede nada,

dejadme al fin llegar de este camino
pues poco ha de tardar, y a la tornada
secutad vuestra saña y mi destino.»

CXIII

Al tiempo que Leandro vio la estrella,
dulce farol del alma suya y muerte,
que Hero puesto había por la suerte
para él tan desdichada y para ella,

el pecho puso al agua, que era vella 5
espanto, en su tormenta tanto fuerte.
«No quieras —dice—, ¡oh mar!, embravecerte.
Aplaca, ¡oh dios Neptuno!, el furor de ella.»

Mas poco rato va su luz siguiendo,
y siempre con las olas peleando, 10
alzó su flaca voz, triste, muriendo.

«¡Oh Hero y alma mía! —iba diciendo—,
no canses tu deseo, y desperando,
despídome de ti, para ti yendo.»

CXIV

Con aquel recelar que amor nos muestra,
mezclado el desear con gran cuidado,
viendo soberbio el mar, el cielo airado,
Hero estaba esperando a la fenestra;

cuando fortuna, que hacer siniestra   5
quiso la fin de un bien tan deseado,
al pie de la alta torre, y ahogado,
del mísero Leandro el cuerpo adiestra.

Ciega, pues, del dolor extraño, esquivo,
de la fenestra con furor se lanza   10
sobre Leandro, en el caer diciendo:

«Pues a mis brazos que llegase vivo
no quiso el hado, ¡oh sola mi esperanza!,
espera, que a do vas te voy siguiendo.»

CXV

Sigue su curso el Sol ya destinado,
y de su Hacedor tal orden lleva
que ni por ir más alto o bajo mueva,
ni se aparte ni deje el hilo usado.

Podrá la oscuridad de algún nublado,   5
noche, Luna o eclipse, o cosa nueva,
hacer que no dé luz, no que remueva
el paso del camino acostumbrado.

Así sigue, señora, el alma mía
el camino que Amor quiso hacerme,   10
dando a mi voluntad fuerza el destino.

Bien podéis vos turbar mi fantasía,
privarme de la luz y oscurecerme,
mas no apartarme ya de este camino.

CXVI

Está en mi alma mi opinión escrita
con tal fuerza de amor, tan bien guardada,
que si de vuestra saña no es borrada,
a la par con la vida en ella habita.

Bien me podéis vos dar pena infinita,   5
Amor os da el poder como le agrada,
mas excusar que no seáis amada
de mí, con tal beldad, ¿quién me lo quita?

Aborrecerme vos podéis, señora,
afecto tan contrario al ardor mío,   10
y aun desearme, si queréis la muerte;

mas que no os ame esta alma que os adora...
Ni vos ni vuestra saña, yo lo fío,
podéis mudar lo que me cupo en suerte.

CXVII

¿Cuál hombre fue jamás tan sin sentido
que si entiende de amor el duro estado,
viendo en claros ejemplos lo pasado,
quiera seguir su bando o su partido?

Yo solo soy a quien el hado ha sido   5
tan contrario, que siendo destinado
a amar sabiendo el daño, soy forzado
quedar, si me defiendo, al fin vencido.

Si trabajo, tal vez por alegrarme,
como cosa contraria al mal que siento,   10
luego se ve lo falso descubierto.

Si en otro que en amor quiero ocuparme,
el hábito que ha hecho el pensamiento
hace lo más dudoso en mí más cierto.

CXVIII

Como está el alma a nuestra carne unida,
en los miembros las partes igualmente,
y como cada miembro el alma siente
entera en sí y en todos repartida,

y como si una parte es dividida   5
del cuerpo por algún inconveniente,
el alma queda entera y tan potente
cual siempre, sin que pueda ser partida,

así el amor en mí no se acrecienta
por más favor, ni cuanto más padece   10
el triste corazón muda el estado.

Muéstrase amor en mí como tormenta
de mar, que cuando más con furia crece,
su término, no pasa limitado.

CXIX

Huyendo baja el monte aquella fiera
que de pequeños canes es seguida,
y apenas en lo llano es ya venida,
que no puede volver donde partiera,

en otros da mayores, do cualquiera   5
la aprieta y le podría quitar la vida,
de estos es peligrosa la salida
de otros sin peligro se saliera.

Así huyendo yo los viejos males,
pequeños en respecto a los de ahora,   10
en otros más crueles he caído,

y tanto en el peligro desiguales
cuanto, siendo por vos, estoy, señora,
cierto de no volver donde he salido.

CXX

Amor, fortuna y la memoria esquiva
del mal presente, atenta al bien pasado,
me tienen tan perdido y tan cansado
que de triste vivir la alma se priva.

Fortuna me contrasta, amor aviva   5
el fuego, la memoria un desusado
dolor me causa, y en tan triste estado
quieren a mi pesar los tres que viva.

Yo no espero ver más alegres días,
mal del mal en peor preso y revuelto,   10
me hallo en la mitad de la carrera.

Teniendo de delante las porfías,
la esperanza de vidrio se me ha vuelto,
y rompió cuando más durar debiera.

CXXI

Quien tanto de su propio mal se agrada,
señora, como yo, razón le falta,
ni por nuevo dolor se sobresalta,
ni del que ha de venir recela nada.

Quien tiene el alma ya tan transformada 5
en vos, por ocasión justa tan alta,
si de un extremo grande en otro salta,
bástale la memoria enamorada.

Si no os puede gozar, que os ha gozado,
quien no puede con lágrimas moveros, 10
con la esperanza puede remediarse.

Mas ¿en qué esperará un desesperado
quien tan lejos está del bien de veros?
¿Basta pensar que os vio, basta acordarse?

CXXII

¡Oh pasos, tan sin fruto derramados,
oh alto y peligroso pensamiento,
oh memoria, ocasión de mi tormento,
oh ardor, no mortal, mas de dañados!

¡Oh flaco corazón, graves cuidados,　　5
oh vano desear, fundado en viento,
oh grande y obstinado sufrimiento,
oh ojos, de llorar fuentes tornados!

¡Oh vida triste, de trabajos llena,
oh dulce error, que andar me hace errando,　10
oh esperanza incierta, oh cierto engaño!

¡Oh vos, que estáis en la amorosa pena,
almas que en este infierno ardéis amando,
ved cual debe de ser mi mal extraño!

CXXIII

Hiere el puerco montés cerdoso y fiero,
y la alterada sangre detenida
tarda del corazón a la herida
y una blanca señal muestra primero.

Así del amador que es verdadero,   5
en lágrimas la sangre convertida,
no llegan así presto a su salida
en llorando un pesar muy lastimero.

Da el corazón señal que está alterado;
hace que de dolor el fiero diente   10
en lo vivo del alma ha penetrado.

Entonces muestra el daño el accidente,
y la blanca señal de estar turbado
matiza con el llanto el mal que siente.

CXXIV

Cosa es cierta, señora, y muy sabida,
aunque el secreto de ella está encubierto,
que lanza de sí sangre un cuerpo muerto
si se pone a mirarlo el homicida.

Así yo, aunque vivo, estoy sin vida   5
siendo visto de vos, que me habéis muerto;
con mi sangre mostré lo que más cierto
mostráis vos con mostraros desabrida.

Pero si no fue así, fue que corriendo
la sangre al corazón para valerle,   10
por saliros a ver erró el camino;

salvo si no fue el alma, que sintiendo
su agravio, así ante vos quiso ponerle
con señal tan costoso y tan divino.

CXXV

Cuando del grave golpe es ofendido
el cuerpo, de improviso es lastimado,
o por nuevo accidente es alterado
por caso de que no fue prevenido,

la sangre corre luego al desvalido   5
corazón como a miembro señalado,
y de allí va a parar do el golpe ha dado,
de do nace el quedar descolorido.

Hizo en mi pecho Amor mortal herida;
corrió luego la sangre allí alterada   10
y reparóse donde estaba el daño.

De allí quedé con la color perdida:
al rostro el corazón se la ha usurpado
para favorecer su mal extraño.

CXXVI

Es lo blanco castísima pureza;
amores significa lo morado;
crudeza o sujeción es lo encarnado;
negro oscuro es dolor, claro es tristeza;

    naranjado se entiende que es firmeza;   5
rojo claro es venganza, y colorado
alegría; y si oscuro es lo leonado,
congoja, claro es señoril alteza;

    es lo pardo trabajo, azul es celo;
turquesado es soberbia; y lo amarillo   10
es desesperación; verde esperanza.

    Y de esta suerte, aquél que niega el cielo
licencia en su dolor para decillo,
lo muestra sin hablar por semejanza.

CXXVII

Bastar debiera, ¡ay, Dios!, bastar debiera,
señora, el ser cruel, áspera y dura,
sin que por adornar la hermosura
que al mundo es hoy un Sol, tal nombre os
    diera.

Bastar debiera, ¡ay, Dios!, mostraros fiera   5
siempre a la obstinación de mi locura,
sin que por el color mi desventura
de nueva crueldad temor tuviera.

Si queréis que a entender me dé el vestido
cuál es la condición esquiva y dura,   10
volverlo del revés y será cierto:

lo encarnado cruel quede escondido,
mostrad lo blanco que es limpieza pura;
será el engaño así más encubierto.

CXXVIII

Si tras de tanto mal me está guardado
algún bien, de que estoy tan fuera agora,
aún espero por vos cantar, señora,
con estilo más alto que he llorado.

Entonces será el bien más estimado 5
por no haber del jamás sabido un hora,
cual madre que por muerto el hijo llora
se alegra en verlo vivo así tornado.

Entonces contaré de la tormenta,
seguro de zozobras en el puerto, 10
y placeráme la pasada afrenta.

Desterraré el dolor que sin concierto
me suele fatigar, do nunca sienta
nueva, ni sepa del si es vivo o muerto.

CXXIX

Al monte donde fue Cartago

    Excelso monte do el romano estrago
eterna mostrará vuestra memoria;
soberbios edificios do la gloria
aún resplandece de la gran Cartago;

    desierta playa, que apacible lago   5
lleno fuiste de triunfos y victoria;
despedazados mármoles, historia
en quien se ve cuál es del mundo el pago;

    arcos, anfiteatro, baños, templo,
que fuisteis edificios celebrados   10
y agora apenas vemos las señales;

    gran remedio a mi mal es vuestro ejemplo:
que si del tiempo fuisteis derribados,
el tiempo derribar podrá mis males.

CXXX

Notorio es en el mundo aquel tormento
que en el infierno Tántalo padece,
do el agua y el manjar le desfallece,
teniendo entre los dos perpetuo asiento.

Yo en el infierno acá que el sentimiento   5
a un alma triste, enamorada, ofrece,
de un fiero desear, que le parece,
infernalmente atormentar me siento.

Mas, ¡ay!, ¿qué digo yo? ¡qué desvarío!:
que su tormento es pena de pecado   10
y el mío injusto mal no merecido.

Y de tanto es más grave el daño mío,
que él desea el manjar que no ha probado
y yo el que solía gozar y he ya perdido.

CXXXI

«Amor, ¿de dónde nace un tan gran miedo?
¿Soy causa yo de este temor que siento?
¿Por qué no piensa el bien mi pensamiento
ni de recelar mal tirarlo puedo?

¿Qué es esto que me quita el vivir ledo,   5
como solía cuándo más contento?
Si me quita el descanso el sentimiento,
¿quién me quita el esfuerzo y el denudo?

Estas congojas y estas bascas tales,
¿de qué proceden? ¿Son por ventura   10
en los otros amantes de esta suerte?»

«Sí —respondió el Amor—, tu desventura,
que ni pueden hallar medios tus males,
ni en tus males hallar medio la muerte.»

CXXXII

Remorder de dolor el alma siento
mil veces un temor de cosa incierta;
un nuevo sobresalto en mí despierta
de venidero daño el sentimiento.

¡Oh desaventurado pensamiento,　　　　5
tan pronto siempre a abrir al mal la puerta!
¿No basta que al entrar la halle abierta
sin que entre antes el miedo que el tormento?

Si por desdicha duermo, a despertarme,
helado, sin color, llega el recelo,　　　　10
pronosticando algún inconveniente;

y es tan familiar en visitarme,
que tengo, porque así lo ordena el cielo,
siempre el mal por venir ya por presente.

CXXXIII

Del dulce fuego que en el pecho me arde
no sé cómo decir que estoy quejoso,
ni en medio del ardor fiero, rabioso,
sé de quién fíe, ni de quién me guarde.

Contra la ley de Amor soy tan cobarde   5
que aun el mismo dolor pedir no oso
tanto tiempo de venia y de reposo
que me pueda quejar, aunque es ya tarde.

Pero si a dicha alcanzo tanta suerte
que la turbación pierda del sentido,   10
y al corazón torna el valor usado,

aún espero, señora, que el sonido
del triste lamentar podrá moverte
a piedad de haberme maltratado.

CXXXIV

    Amor, si por amar amor se aquista,
si alguna fe de tanta fe procede,
si premio por servir ganar se puede,
si un grave padecer un alma atrista;

    si dura obstinación venció conquista,   5
si pidiendo merced dureza cede,
si a grande mal piedad se le concede,
si a luengo importunar no hay quien resista;

    si de tu mano escrito ya en la frente
lo que siento en el alma al mundo muestro,   10
debería mi dolor hallar remedio.

    Mas ya ni podrá ser, ni lo consiente
mi mal, si por algún caso siniestro
no muestra a tu pesar fortuna el medio.

CXXXV

Contento con el mal de Amor vivía,
habiendo el alma en él hábito hecho;
su daño principal ni su provecho
no me alteraba ya, ni lo sentía.

Hora ha querido la desdicha mía 5
con otro nuevo mal herirme el pecho;
éste me desbarata y me ha deshecho,
mientras menos del otro me temía.

Como enfermo que está ya confiado
que no puede morir de un mal que tiene, 10
por haberse en el uso así guardado,

cualquier nuevo accidente que le viene,
diferente de aquel que había pensado,
le hace recelar más que conviene.

CXXXVI

Como enfermo a quien ya médico cierto
dice que ha de morir si no se bebe
un vaso de ponzoña y no se atreve,
siéndole el daño de ello descubierto;

    teme si dura el mal, que ha de ser muerto   5
antes que el medio peligroso pruebe,
y si para probarlo al fin se mueve,
está de su salud también incierto;

    a tal término, Amor, soy allegado,
que me mata el temor, y el desengaño   10
me tiene de la muerte temeroso.

Pensar venir en duda es excusado,
y habiendo de pasar por el un daño,
de entrambos igualmente estoy dudoso.

CXXXVII

Como al que grave mal tiene doliente,
después de haber con la paciencia larga
faltado la virtud, que el mal se alarga,
la rabia y el dolor hace impaciente;

y como cuando afloja el accidente,
la lengua el pesar la culpa carga,
la conciencia se duele, el alma amarga,
y de cuanto ha hablado se arrepiente.

Así en la furia yo de aquel tormento
que me causáis, me quejo y me maldigo,
y ruego a Dios que cual me veis os vea.

Después me reconozco y arrepiento,
mas no puedo hacer, por más que digo,
que lo que dije ya, dicho no sea.

CXXXVIII

Un año hizo ayer, ya es hoy pasado,
¡ay, Dios!, ¿por qué lo traigo a la memoria?
que pudiera acabar la triste historia
que hora de nuevo Amor ha comenzado.

Tal día como ayer pudo un cuidado   5
los despojos gozar de su victoria;
pude y no quise asegurar mi gloria
porque pensaba ser asegurado.

Pensé, digo, y fue justo que pensase
quien tales muestras vio, que eran, señora,   10
afectos, no ficción disimulada.

Tal fue un dar lugar que descansase
esta alma a quien llevar hacéis agora
menos honrosa carga y más pesada.

CXL

Mientras que de sus canes rodeado
el mísero Acteón seguro andaba,
mientras con más amor los regalaba
por habérselos él mismo criado,

habiendo, por su mal, un día mirado 5
la beldad que a una fuente se bañaba,
de aquellos de quien él más se fiaba
se vio el triste, a la fin, despedazado.

Tal obra hace en mí mi pensamiento,
tan regalado mío y tan querido, 10
tan confiado yo de sus hazañas,

que en viendo la ocasión de mi tormento,
airado luego me ha desconocido
y así me despedaza las entrañas.

CXLI

Cual doncella hermosa y delicada
que en verde prado está, de flores lleno,
el ánimo del mal de amor ajeno
tejiendo una guirnalda, descuidada,

   estando en su labor toda ocupada, 5
fría serpiente se le entró en el seno,
y apenas se apercibe del veneno,
que en el alma la siente atravesada,

   descuidada se andaba el alma mía,
recreándose sola entre las flores 10
que en el prado de Amor había cogido,

   cuando turbarse vio la fantasía
y entrar helado entre el ardor de amores
un áspide celoso en el sentido.

CXLII

Sobre un verso de Ovidio que dice: «Fit quoque longus
amor, quem diffidentia nutrit»

   Escrito, aunque imposible al fin parece,
misterio es muy sabido y muy tratado,
que el amor en el firme enamorado
con los celos se aviva y se engrandece.

   Cuanto dura el amor el ansia crece   5
y el deseo de verse asegurado,
sin que pueda aflojar un tal cuidado
mientras vive el recelo y prevalece.

   Ni el furor, ni el más blando tratamiento,
ni aquel dulce gozar de cosa amada,   10
aseguran un alma temerosa.

   No basta discreción ni sufrimiento,
ni esperanza en ajeno mal probada,
porque no cura amor ninguna cosa.

CXLIII

¿Será verdad, ¡ay, Dios!, serán antojos
este temor villano, este recelo?
¿Será verdad, ¡ay Dios!, el desconsuelo
que de nuevo da fuerza a mis enojos?

¿Será verdad, ¡ay Dios!, que vean mis ojos   5
gozar hombre mortal beldad del cielo?
¿Será verdad, ¡ay Dios!, que hay en el suelo
quien merece ganar tales despojos?

¿Será verdad, ¡ay Dios!, que de aquel gesto,
de aquel valor que es hoy al mundo extremo,   10
goce otro, si gozarle yo no debo?

¡Ay, Dios! Si esto es verdad, muera yo presto;
acábeme el dolor del mal que temo,
y no la vista de él, a que me atrevo.

CXLIV

Del más subido ardor, del más precioso
olor de gloria y del más alto grado,
nació en mi alma el mal de su cuidado,
antes no, sino el bien de su reposo.

Mi mal nació de allí fiero y rabioso,   5
a mi bien sin igual, igual en grado;
razón en mi dolor se ha transformado,
y el dolor sin razón está quejoso.

¿A quién se dio jamás, pues, tal tormento?
¿Dónde se vio decir que un mal tan alto   10
venga envuelto en un bien que par no tiene?

Amor, gracias te doy por lo que siento:
razón sobra al dolor, y de ella falto,
teme el honoroso mal que de ti viene.

CXLV

¡Dichoso desear, dichosa pena,
dichosa fe, dichoso pensamiento,
dichosa tal pasión y tal tormento
dichosa sujeción de tal cadena!

¡Dichosa fantasía de gloria llena,   5
dichoso aquél que siente lo que siento,
dichoso el obstinado sufrimiento,
dichoso mal que tanto bien ordena!

¡Dichoso el tiempo que de vos escribo,
dichoso aquel dolor que de vos viene,   10
dichosa aquella fe que a vos me tira!

¡Dichoso quien por vos vive cual vivo,
dichoso quien por vos tal ansia tiene!
¡Felice el alma que por vos suspira!

CXLVI

Venturoso ventalle a quien ha dado
fortuna todo el bien que pudo darte,
tus obras y color han sido en parte
pronóstico a mi mal desventurado.

Yo en los efectos soy enamorado, 5
tú lo muestras estar con algún arte;
viento sacas al fin de trabajarte,
yo de mi trabajar viento he sacado.

Si el favor de que gozas conocieses,
¿quién podría contigo de contento, 10
ya que de ufano no ensoberbecieses?

Envidia habría de ti si el mal que siento
sintieras; pero ya que lo sintieses,
tú la deberías haber de mi tormento.

CXLVII

Temía hasta aquí de entristecerme,
cansada el alma ya de un luengo llanto;
érame hasta aquí visión de espanto
ver un pesar y no saber valerme.

Mas agora que vos holgáis de verme   5
triste, ningún placer procuro tanto;
hora me es enojoso el dulce canto
y alegre aquél que ya solía ofenderme.

Dama, pues de mi bien sois tan esquiva,
descanso me será cualquier tormento   10
que de tan alta causa se deriva.

Pero tengo temor que, de contento,
el rostro, cuando en más tristeza viva,
muestre al revés señal de lo que siento.

CXLVIII

Vos sois todo mi bien, vos lo habéis sido;
si he dicho alguna vez, señora mía,
que habéis sido mi mal, no lo entendía,
hablaba con pasión o sin sentido.

Yo soy todo mi mal, yo lo he querido;   5
de mí viene, en mí nace, en mí se cría;
tan satisfecha del mi fantasía,
que el mal no piensa haber bien merecido.

Vos fuiste, vos seréis mi buena suerte:
si el mal desvariar me hace al cuanto,   10
ésta es mi voluntad libre y postrera.

Pues si con verte al punto de la muerte,
por ser por vos el mal lo tengo en tanto,
¡ved que hiciera el bien si lo tuviera!

CXLIX

Si mientra el hombre al Sol los ojos gira,
ciego del resplandor, busca un desvío,
¿cómo un flaco mirar ante el Sol mío,
cuanto se ciega más, tanto más mira?

Si una sola gloria un alma aspira,   5
puesto que mi deseo es desvarío,
visto un suave mirar, honesto y pío,
¿adónde el desear me lleva y tira?

Si de lo que ha de ser certeza tengo,
de mil almas que arder en vivo fuego   10
he visto, ¿para qué busco otro indicio?

¿A qué me trae el Amor? ¿Do voy, do vengo,
haciendo de mi vida, al vulgo juego
del alma, lastimero sacrificio?

CL

Como garza real alta en el cielo,
entre halcones puesta y rodeada,
que siendo de los unos remontada,
de los otros seguirse deja a vuelo,

viendo su muerte acá bajo en el suelo,   5
por oculta virtud manifestada,
no tan presto será del aquejada
que a voces mostrará su desconsuelo.

Las pasadas locuras, los ardores
que por otras sentí, fueron, señora,   10
para me levantar, remontadores;

pero viéndoos a vos, mi matadora,
el alma dio señal en sus temores
de la muerte que paso cada hora.

CLI

Temor de mayor mal a algunos suele
hacer correr a voluntaria muerte,
pensando así excusar dolor más fuerte,
si bien más que el morir ninguno duele.

Hizo Catón que su memoria vuele,   5
y el nombre a tal morir muda y pervierte;
uso de libertad llama su suerte,
y muestra que con ella se consuele.

Si nuestra religión lo permitiera,
como aquella gentil que solamente   10
de un hermoso morir tuvo cuidado,

yo sé por menos mal lo que hiciera:
que salvo a no morir siéndoos ausente,
en todo puedo ser de vos forzado.

CLII

    Huyendo va la trabajosa vida
del cansado vivir, que no lo quiere,
y el alma, de contenta en ver que muere,
en sus males no acierta a dar salida.

    La esperanza cansada, embobecida,   5
tras un bien que será más mal si fuere,
viendo que falta ya fuerza en que espere,
a los pies del dolor queda rendida.

    Poco puede tardar el bien que espero:
si el curso natural se ha detenido,   10
acabará el dolor tantos enojos.

    Ya siento yo la muerte, y si no muero,
es que quiere el dolor que me ha vencido
poco a poco gozar de los despojos.

CLIII

Traducción de un epigrama latino

 Sobre las ondas del helado Ibero,
incauto niño, y sin saber, corría,
cuando el hielo, que fuerza no tenía,
quebrando, se mostró crudo y severo.

 El río, que veloz iba ligero,   5
con el tributo el cuerpo al mar envía:
la cabeza que el hielo sostenía
por memoria quedó del caso fiero.

 La madre que buscando al niño andaba
por la ribera, viendo el rostro luego   10
asió del y sacó lo que quedaba.

 «¡Ay cruel hado —dijo— extraño y ciego!
Pues de lo que parí no me tocaba
más parte que ésta, ésta consuma el fuego.»

CLIV

Cuando pienso me da dolor doblado;
ningún pensar me da contentamiento;
si fuera de pensar deleite siento,
ni sé entenderme a mí ni a mi cuidado.

Entre mi mal el bien viene mezclado;   5
ni lo sé conocer ni tomar tiento:
que en gustando del bien el sentimiento,
o se convierte en mal o ya es pasado.

En medio del deleite llega luego
el recelo del mal, considerando   10
que es un tal bien un poco de agua al fuego.

Así el monstruo marino está llorando
mientras el cielo y el mar muestran sosiego,
de futura tormenta recelando.

CLV

   Golfo de mar con gran fortuna airado
se puede comparar la vida mía;
van las ondas do el viento las envía
y las de mi vivir do quiere el hado;

   no hallan suelo al golfo, ni hallado 5
será cabo jamás en mi porfía;
en el golfo hay mil monstruos que el mar cría,
mi recelo mil monstruos ha criado;

   en el mar guía el norte, a mí una estrella;
nadie se fía del mar, de nada fío; 10
vase allí con temor, yo temeroso;

   por mis cuidados van, naves por ella.
Y si en algo difiere el vivir mío,
es en que se aplaca el mar, yo no reposo.

CLVI

Corre con tempestad furiosa y fuerte
el más cuerdo piloto, el más experto,
y en viendo cerca el deseado puerto,
el miedo en esperanza se convierte;

mas queriendo surgir la mala suerte,　　5
lo torna con extraño desconcierto;
sale un viento cruel, contrario, incierto,
que atrás lo vuelve a recelar la muerte.

Así yo, en la fortuna del deseo
a vos vengo, que sois el puerto mío,　　10
donde de tanto mal pienso salvarme;

mas, ¡ay, hado cruel!, que apena os veo,
cuando un contrario viento de un desvío
hace que en el dolor vuelva a engolfarme.

CLVII

Por el airado mar a la ventura
va el marinero con tormenta fiera,
y viéndose perder, salvarse espera
en el batel do su morir procura;

porque lo ordena así su desventura 5
por allí donde pensó salvarse muera,
volviendo al puerto, al fin, salva y entera
la nave que juzgó menos segura.

Así, señora, yo buscando un medio
que me pueda escapar de un mal tan fuerte, 10
do me pensé ganar vine a perderme.

Mas ¿qué puedo hacer quien su remedio
vio puesto en el arbitrio de la suerte?
¿De quién sino de vos puedo valerme?

CLVIII

Cercado de terror, lleno de espanto,
en la barca del triste pensamiento,
los remos en las manos del tormento,
por las ondas del mar del propio llanto,

    navegaba Vandalio; y si algún tanto   5
la esperanza le da propicio el viento,
la imposibilidad en un momento
le cubre el corazón de oscuro manto.

    «Vandalio, ¿qué harás hora? —decía—.
Fortuna te ha privado de la estrella   10
que era en el golfo de la mar tu guía.»

    Y andándola a buscar, ciego sin ella,
cuando por más perdido se tenía,
la vio ante los nublados ir más bella.

CLIX

Amor me trae en la mar de su tormento
al placer de la ondas de mudanzas,
mil fortunas tal vez, tal vez mudanzas
traen acá y allá mi sentimiento.

Sígueme alguna vez próspero viento,
meten velas entonces esperanzas,
mas salen de través desconfianzas
y acobardan al triste pensamiento.

Siéntome alguna vez alzar al cielo,
y otras mil abajar hasta el abismo;
ya me esfuerzo, ya temo, ya me atrevo.

Ora huyo, ora espero, ora recelo,
y en tanta variedad no sé yo mismo
qué quiero, aunque sé bien que querer debo.

CLX

Si no socorre Amor la frágil nave,
combatida de vientos orgullosos,
que entre bravos peñascos peligrosos
la hizo entrar un fresco aire suave,

tal carga de dolor lleva y tan grave   5
de pensamientos tristes, congojosos,
que no pueden durar tan enojosos
días sin que el morir me desagrave.

Desdén rige el timón, furor la vela,
trabajo el mástil y la escota el celo;   10
lágrimas hacen mar, suspiros viento.

Nublado oscuro de soberbia cela
el norte mío, y solo veo en el cielo
pena, dolor, afán, rabia y tormento.

CLXI

Sabe Dios sin saber de vos deseo,
y témolo saber más que la muerte:
ved, señora, cuál es mi mala suerte,
de qué contrarios tormentar me veo.

De no saber de vos tan mal poseo 5
que en fiera rabia el desear convierte;
y por no saber nueva en que no acierte,
el triste desear huyo y rodeo.

Así el que ve la nave irse abrasando,
estando dentro en ella en la batalla, 10
modo para salvarse anda buscando;

mas doquiera que va su muerte halla:
el enemigo, el contrastar nadando;
y en la nave ella viene sin buscalla.

CLXII

Si así durase el Sol sereno cuanto
dura la noche tenebrosa, oscura,
si en medio del placer mi desventura
no transformase el gozo en triste llanto,

¿cuál vida podría ser alegre tanto,   5
cuál mal que iguale al bien de tal ventura,
cuál remedio mayor de mi tristura
que mudar en alegre el triste canto?

En la gloria mayor de mi tormento
voy por tranquilo mar ledo cantando,   10
mientra alegres se muestran vuestros ojos.

Mas, ¡ay!, que cuando más, más gloria siento,
se me deshace el bien considerando
cuál me suelen parar vuestros enojos.

CLXIII

Por los ojos amor entra y derrama
en el alma un ardor que la enflaquece;
el ansia de gozar, fuego parece;
templada obstinación su fuerza trama.

De un hijo que amor tiene, el cual se llama   5
deseo, la esperanza nace y crece;
mas contra el hijo y nieta el hado ofrece
un bastardo temor que los desama.

El fin que amor pretende es ser amado;
temor, que a ningún bien del padre alcanza,   10
viene contra los dos acompañado

de enojos, de sospechas, de mudanza,
desdén, ingratitud, celos, cuidado,
armado de mortal desconfianza.

CLXIV

¡Temor desventurado y trabajoso,
trabajoso temor desventurado!
quien supiese mostrar de ti un traslado
bien se podría llamar pintor famoso;

quien tu desasosiego sospechoso,	5
tu recelar, tus bascas, tu cuidado,
con palabras pintase, habría pintado
lo que es, aunque a pensar, dificultoso.

Eres sin proporción incomparable,
eres mal que se siente y no se entiende,	10
sueño que el alma aduerme y la desvela;

eres fuego infernal, intolerable,
hielo que de un rabioso ardor enciende,
ardor que de un mortal hielo nos hiela.

CLXV

Tras lo que temo más voy rastreando
sin que espere hallar lo que quería,
y es de tal calidad la pena mía
que lo que huye más, anda buscando.

Se me va la verdad manifestando; 5
yo, por no la topar, busco otra vía;
si entendiese su mal mi fantasía
tendría por mejor vivir dudando.

Ha dado fe el temor a una sospecha
que no puede parar sino en mi daño, 10
y seguiréla hasta ver do para.

Querríala volver, más ¿qué aprovecha?
que aunque sea en su favor el desengaño,
sola la duda ya le cuesta cara.

CLXVI

   ¿Qué alteración es ésta, Amor, que siento?
¿De dónde viene en mí tan gran mudanza?
Si muero de temor, esta esperanza
que tengo, ¿sobre qué funda su asiento?

   Si no quiero mi mal ni lo consiento,   5
¿por qué tengo del bien desconfianza?
Si el uso de razón el seso alcanza,
¿cómo se ciega así el entendimiento?

   Y si una mutación tan repentina
natura la aborrece, ¿cómo vivo?;   10
un sujeto tan flaco, ¿en qué se esfuerza?

   Mas, ¡ay!, que pues tormenta tan contina
no se amansa, es señal que el hado esquivo
quiere mostrar en mí toda su fuerza.

CLXVII

Aquel rumor que de improviso suena,
como de la experiencia está entendido,
robando la color, turba el sentido,
al alma de recelo o gozo llena.

Pero nace tal bien de aquella pena   5
que queda el tal rumor más conocido,
siendo el entendimiento socorrido
de las potencias que de sí enajena.

Así la vez que os veo, el sentimiento
se turba, y los espíritus penados   10
así correr, así alterarse siento.

Mas siendo al alma a dar favor llegados,
cuanto son de más claro entendimiento
quedan vencidos más y enamorados.

CLXVIII

De aquella voluntad que a mi tormento
pudo entregarme así, tan de su grado,
no puedo en nada ya ser ayudado,
ni en mi favor ni como mía la siento.

Perdió razón su acostumbrado asiento,   5
que el nuevo mal nueva razón me ha dado;
y en tanta confusión solo ha quedado
por verdugo del alma el pensamiento.

Tampoco me quedó libre el deseo,
que entre vida y morir busca y no acierta   10
de cuál se agrada más, cuál me conviene.

Pensad cuál debo estar, ved cuál me veo,
que el morir, por entrar, corre a la puerta,
y el vivir, por salir, se lo detiene.

CLXIX

En el paso más duro y más estrecho,
en el más peligroso, en el más fuerte,
en el que temo más que no la muerte,
y en el que más deseé por mi provecho,

me tiene puesto Amor, que Amor lo ha hecho, 5
en el dudoso arbitrio de la suerte,
a que viva contento en que se acierte,
o que no, y muera en lágrimas deshecho.

Solía el alma ya vivir segura,
confiada del bien sin merescello, 10
esperando ese trance en que ha de verse.

Mas quien tiene su vida en aventura,
colgada, como dicen, de un cabello,
ved si tiene razón para temerse.

CLXX

Ira y amor me están dentro en el pecho
y cada cual me causa un mal extraño;
el amor fue principio del engaño;
después, del mismo amor nació el despecho.

Deseo aborrecer por mi provecho, 5
visto que del amor me viene el daño;
mas no basta la ira en mal tamaño
el nudo deshacer que amor ha hecho.

Ira me mueve a ser vuestro enemigo
y muéstrame razón por que lo sea; 10
mas ¿qué vale, si amor a amar me tira?

Y así mientras los dos tratan conmigo,
es fuerza que la triste alma se vea,
siendo esclava de amor, sujeta de ira.

CLXXI

Como la oscura noche al claro día
sigue con inefable movimiento,
así sigue al contento el descontento
de amor y la tristeza al alegría;

   sigue al breve gozar luenga porfía,   5
al dulce imaginar sigue el tormento,
y al alcanzado bien el sentimiento
del perdido favor que lo desvía.

De contrarios está su fuerza hecha;
sus tormentas he visto y sus bonanzas,   10
y nada puedo ver que me castigue.

Ya sé qué es lo que daña y aprovecha;
mas ¿cómo excusará tantas mudanzas
quien ciego tras un ciego a ciegas sigue?

CLXXII

No hallo ya en el mal inconveniente,
ni en el bien, si lo alcanzo, me detengo;
el tiempo en que no os veo, aunque es muy
	luengo,
con el alma os estoy siempre presente.

Con tal orden templáis un accidente,	5
que en el mayor favor, si alguno tengo,
cuando en el disfavor a pensar vengo,
paso por él así livianamente.

Y el placer, el pesar, el riso, el llanto,
gozar y padecer, daño y provecho	10
igualmente por vos me satisface.

Sola una novedad me causa espanto:
teniendo de contrarios lleno el pecho,
¿cómo la división no lo deshace?

CLXXIII

Un temor me destruye el pensamiento,
siendo solo el pensar cuanto bien tengo;
mi mal no es grave, mas por ser más luengo,
miedo es el que me acaba el sufrimiento.

Cuando estás más caído el sentimiento,   5
cuando más desvalido a sus pies vengo,
pensando me sustento y me entretengo:
que no ocupo otra gloria en mi tormento.

¡Ay Dios, qué nuevo mal, cuán sin remedio!,
que ni la voluntad siento partida,   10
ni está, salvo en morir, entera en cosa.

Señora, ¿qué haré? Dad vos remedio.
Acábame el dolor luego la vida,
y no me llegue a prenda tan preciosa.

CLXXIV

Padre me llama el Sol del alegría,
a mí la vista del más entristece;
apenas alejándose anochece
cuando muero por ver venido el día.

Todo cuanto en la tierra el cielo cría 5
reposa con la noche, en mí parece
que con fuerza mayor a la par crece
también la oscuridad del alma mía.

Y si del que mal hace es deseada,
que no querría ver luz en todo el año, 10
¿por cuál razón a mí me desagrada?

que demás de tratar de día mi daño,
en la noche, al descanso aparejada,
soy más cierto ministro de mi engaño.

CLXXV

De error en error, de daño en daño,
de una desdicha en otra desventura,
de un desvío en otra gran locura,
de un viejo engaño en otro viejo engaño,

de un grave mal en otro mal extraño, 5
de una necesidad a otra yactura,
me ha traído el Amor y mi ventura
a que huya mi propio desengaño.

Conozco que me ofende el pensamiento,
y solo de pensar me pasmo y vivo; 10
en él hallo el descanso y el tormento.

¡Oh nuevo padecer extraño, esquivo,
que nacen de una causa el mal que siento
y el bien que me hace ir soberbio, altivo!

CLXXVI

   Yo, señora, pensaba antes, creía,
mas, ¡ay!, que no sabía lo que pensaba,
que era amado el que amaba, y no entendía
que el hado a mi porfía contrastaba.

   El Amor me engañaba y me decía 5
que la fe que os tenía se apagaba;
pero si ciego andaba y no lo vía,
la justa opinión mía me engañaba.

   Ya el temor me muestra el desengaño,
si el gusto del engaño consintiera 10
que apartarme pudiera de mi daño.

   Mas el mayor engaño, ¡ay, suerte fiera!,
es que aunque claro viera que era engaño,
por un bien tan extraño el mal quisiera.

CLXXVII

    Tiéneme en duda Amor, por más tormento,
si será o no será lo que deseo;
del sí casi ningún camino veo,
del no dejo engañarme el pensamiento;

    del sí le viene esfuerzo al sufrimiento,   5
del no mayor terneza en lo que creo;
con el sí me regalo y me recreo
cuando del no me asombra el sentimiento.

    Mi cuidado, que más tal duda piensa,
dice que un cierto no, no me conviene,   10
y del incierto sí se desagrada.

    Y el alma que entre el sí y el no suspensa
dudando vive, por mejor lo tiene
que el peligro de ser desengañada.

CLXXVIII

En el gozo mayor, en el contento
de mayor calidad que se desea,
en el bien que no hay bien que igual le sea,
y en la gloria mayor de mi tormento,

me sale de través un pensamiento, 5
¡ay Dios, qué gran error, qué cosa fea!,
y me hace creer que nos lo crea.
¡Ved cuál queda con esto el sentimiento!

Me dice que es ficción, que es una sombra,
cierto disimular, falsa apariencia, 10
que no viene de amor tales afectos.

Y el alma que de tal visión se asombra,
tanto le amarga al gusto esta dolencia
que apenas siente el bien de estos efectos.

CCXX

(Al marqués del Vasto)

    Aquella luz que de la gloria vuestra,
invicto Alfonso, tanto resplandece,
mientra de otros errores oscurece
la fama, más que el Sol clara se muestra.

    Animoso valor la mano diestra 5
os rige (antes a ella se engrandece),
y aquello que entre nos valor parece,
es hechura de vos, no cosa nuestra.

    Si así, como es razón, escrita en suma
vuestra tanta virtud ver os agrada, 10
y que escritor no usurpe vuestra gloria,

    a imitación de Cesar, con la pluma,
mientras que reposar dejáis la espada,
haced eterna vos vuestra memoria.

CCXXI

A la marquesa del Vasto

 Cual en la deseada primavera
suelen venir a nos Favonio y Flora,
cual se suele mostrar la bella Aurora
ante el rector de la celeste esfera,

 cual en aquella dulce edad primera 5
Diana en selva se mostró a deshora,
tal vos, excelentísima señora,
parecéis a este pueblo que os espera.

 Alégrate hora, pues, Liguria mía,
que si grande ocasión para gozarte 10
deseabas hallar, hoy es el día.

 Si de dolor te queda alguna parte,
sea por no haber visto en compañía
de la nueva Diana el nuevo Marte.

CCXXII

A don Juan de Guevara

Ejemplo del valor de las Españas,
don Juan, si así supiese ahora alabarte,
cuanto tus obras dan de gloria a Marte
darían a mi pluma tus hazañas.

Las francesas insidias y las mañas   5
que en falta de virtud sufren con arte,
acrecen en la tuya y de tu parte
cosas de admiración muy más extrañas.

Gloriosa nación, pues que venciendo
el enemigo, su vencer os honra   10
mucho más que os pudiera honrar perdiendo.

De ellos fue la victoria y la deshonra.
¡Dichosas vidas que ganáis muriendo
do se suelen perder la vida y honra!

CCXXIII

Dos sonetos a la muerte de Pedro Mexía

«¿Quién yace muerto aquí?» «Pero Mexía.»
«¿Pero Mexía es muerto?» «Antes muriendo
comenzó ahora a vivir, porque viviendo
fuera de do hora vive, no vivía.»

«¿Fue caballero?» «Sí.» «¿Y en qué entendía?» 5
«Ora el cielo, ora el mar, iba midiendo,
ora de Carlo Máximo escribiendo
la fama de ambos, que inmortal hacía.»

«Pues si lloró Alexandre las memorias
famosas que de Aquiles escribió Homero, 10
¿cómo no llora Cesar tan gran falta?»

«Por que lo que escribió de sus historias
basta para dar fe en el fin postrero
de lo que no alcanzó pluma tan alta.»

CCXXIV

«¿Qué pérdida, qué mal, qué sentimiento,
qué voces, qué gemido es el que suena?
¿Qué gente, de color, de angustia llena,
llora sobre este triste monumento?»

«Aquellas, que con tanto desatiento   5
muestran señales tristes de su pena,
las musas son, y aquél que el llanto ordena
Febo.» «Y este, ¿quién es?» «Conocimiento.»

«Y la que llora más, ¿quién es?» «España.»
«¿Y aquel que muestra haber perdido tanto?» 10
«Carlo, cuya inmortal tela tejía.»

«¿Quién la tejía, pues?» «¡Ay, pena extraña!
Lee el verso, que a mí me ahoga el llanto.»
Aquí reposa el gran Pero Mexía.

CCXXV

Sobre el sepulcro de doña Marina de Aragón

   «Marina de Aragón yace aquí. Espera,
detén el paso y apresura el llanto.»
«¿Y éste a quien el dolor aflige tanto
quién es?» «Muerto su bien ya no es el que
       era.»

   «¡Ay, rabioso pesar!, ¡ay pena fiera! 5
¿Es Amor el que cubre oscuro manto?»
«Sí, mas oye qué dice y nota cuánto
el cielo nos llevó, que no debiera»:

   Beldad, gracia, valor, virtud, cordura,
ingenio, honestidad, seso, arte y gloria, 10
linaje y todo el bien que da ventura,

   se ha llevado la muerte y por memoria
su nombre mostrará esta piedra dura;
yo tendré cargo de llorar su historia.

CCXXVI

Al sepulcro de Diego de Esquivel

El despojo mortal yace aquí solo,
la beata alma es ya tornada al cielo,
del pastor Esquivel, que fue en el suelo
un émulo de Orfeo, un nuevo Apolo.

Rabiosa muerte de entre nos llevólo;   5
inmortal fama con piadoso celo
haga su virtud, tendido el vuelo,
se manifieste al uno y otro polo.

Mirad pues, ninfas, musas y pastores
no haya flor en Parnaso, ni Helicona   10
destile humor que el lauro os tenga verde.

Y pues fue en el cantar de sus amores
el que puso más alta sus corona,
Amor lo llore, que es el que más pierde.

CCXXVII

En la muerte de la princesa doña María

La gran dea de los partos envidiosa
de ver que haya en el cielo alguna estrella
de mayor resplandor y beldad que ella,
del marido y hermano está quejosa.

Júpiter que agradar desea a la esposa, 5
si bien conoce injusta su querella,
«traigamos acá —dijo— otra más bella
y así Venus será menos hermosa.»

Por el mundo la va Juno buscando,
y en Pincia, por común desaventura, 10
de una princesa al parto se destina.

Mas no tan presto la ha mirado, cuando
al cielo se llevó su hermosura.
¡Ay, envidia cruel, fiera Lucina!

CCXXVIII

A la condesa Laura Gonzaga

Laura, si cuando en la gran selva Idea
hizo el juicio aquel pastor troyano,
donde a Venus fue dado el soberano
premio a pesar de la una y otra dea,

fuérades vos, ante vos fuera fea   5
la más hermosa, y presumiera en vano
haber lo que están vuestro y que tan llano
confesará cualquier dama que os vea.

Si Zeúxis de vos sola tomara
cuanto bueno entre mil tomar pudiera,   10
cuando en Crotón la bella imagen hizo,

más gracia, más beldad, más ser mostrara,
y a Juno más perfecta pareciera:
¡tanto el cielo de vos se satisfizo!

CCXXIX

(A doña María de Cardona)

    Ilustre honor el nombre de Cardona,
no décima a las nueve de Parnaso,
mas la primera del oriente a ocaso,
a quien rara beldad honra y corona;

    y a quien la Fama por sin par pregona   5
de virtudes colmado y rico vaso,
por elección, y no por suerte o caso,
dignísima de cetro y de corona.

    Perdería la pena y el trabajo,
donde la envidia su malicia enfrena,   10
si cantase de ti aun el más instruto;

    pues tu santa virtud tomó a destajo,
con pura caridad de afectos llena,
producir para el cielo eterno fruto.

CCXXX

El amoroso piélago corría
la nave del curioso entendimiento,
y no sin ocasión miraba atento
las islas más hermosas que en él vía.

Al fin de navegar arribé un día, 5
cansado ya de ver islas sin cuento,
en la bella Sicilia, do contento
quedé de aquel deseo que tenía.

Y visto todo el bien que puede verse,
exclamaba diciendo: «¡Oh soberano 10
aquél que habrá de ti la alta corona!

Si por milagro, Amor, puede hacerse,
haz que sea una hora siciliano,
ya que no puede ser de Barcelona.»

CCXXXI

Vuestro nombre, señora, que asegura
cuanto vuestra beldad hace dudoso,
demás de aquel mirar dulce y piadoso
han sido la ocasión de mi tristura.

Temía, y con razón, esta aventura, 5
puesto que fue el principio venturoso;
no era por mi parte temeroso,
mas de parte de vuestra hermosura.

El alma, en el tormento ejercitada,
de nueva sujeción quería librarse, 10
del antiguo error escarmentada.

Pero ¿cómo podía decir salvarse
quien tanto del primero mal se agrada
y no quiere de vos saber guardarse?

CCXXXII

A la princesa de Molfeta

    Como al rayo de Sol nueva serpiente
en virtud del calor sale y se aviva,
muéstrase más lozana y más altiva
y el esfuerzo y valor doblado siente,

    y como mientra el Sol no es tan caliente,   5
la falta del calor hace que viva
tímida, solitaria, oscura, esquiva,
do ni la puede ver ni vea la gente,

    tal ha sido de mí, señora mía,
que en virtud del calor de los favores   10
mientra el Sol me duró, ledo vivía,

    hasta que los helados disfavores
hicieron encoger mi fantasía,
esconderme y huir de los amores.

CCXXXIII

A la princesa de Molfeta

    Como el que de escorpión fue ya mordido,
si de allí en algún tiempo se le acuerda,
se altera, se demuda y desacuerda
y pierde la color y aun el sentido,

    mi alma que improviso acaso vido
la beldad que a mi mal tan mal concuerda,
hizo que la color del rostro pierda
la memoria de haber sido ofendido.

    No fue flaqueza, no, ni son amores:
la injuria al corazón ha salteado
y dio de justa cólera testigo.

    No hace al caso, no, mudar colores,
señora, porque un hombre demudado
acomete mejor a su enemigo.

CCXXXIV

Soneto de Gutierre de Cetina, siendo enamorado en la corte, para donde Montemayor se partía

Si como vas, Lusitano, yo fuese
do el alma dejé, que no debiera;
si como verás presto la ribera
del hermoso Pisuerga, así la viese;

si como partirás do yo partiese,   5
y llegarás do yo llegar quisiera;
si el bien que verás tú, yo ver pudiera,
y el poder ir como tú vas, tuviese,

estos húmidos ojos que llorando
te mueven a piedad, vieras gozosos   10
andar, su mayor bien manifestando.

Mas ordenan los hados enojosos,
porque lo sienta más, irme alargando
los días del destierro trabajoso.

CCXXXV

A don Jerónimo de Urrea

    Ni la africana sierra excelsa y brava,
ni las bárbaras armas, crudas, fieras,
ni tu sangre esparcida en sus riberas,
que el cielo de la honra derramaba,

    ni la furia cruel que trastornaba   5
ante ti tantas naves y galeras,
ni el viento que en el campo las banderas
del fiero Marte a su pesar postraba,

    ni la gálida espada y torre fuerte,
ni en Dura el duro asalto y duro hado,   10
contra del cual no hay fuerza que resista,

    pudieron por más mal darte la muerte,
Iberino pastor desventurado,
y agora mueres de una dulce vista.

CCXXXVI

Al secretario Gonzalo Pérez

«No más, como solía, jocundo y vago
te veo correr dorando tu ribera,
mas, turbio de mis lágrimas, la fiera
llama creer que yo llorando apago.

Ya no te muestra el cielo aquel halago   5
con que suele adornar tu primavera,
ya no es tu claridad la que antes era.»
decía Pireno contemplando el Tago.

«¿Qué será de ti, mísero Pireno,
—tornó a decir llorando—, si el pasado   10
tiempo no torna alegre cual solía?»

Vandalio, que el dolor de mal ajeno
hacía recordar su propio estado,
lloraba de piedad mientras le oía.

CCXXXVII

Respuesta de Vandalio (a Cariteo)

Ni la fuerza del mal, ¡oh Cariteo!,
ni estar lejos del bien desposeído,
ni la mente, verdugo del sentido
cuando más apretada es del deseo,

atormenta tu alma, a lo que creo, 5
tanto, aunque tanto lo has encarecido,
que si te acuerdas quién la causa ha sido
no juzgues tu llorar por caso feo.

Consuélate, ¡oh pastor tan venturoso!,
pues que estás del amor solas las flores 10
y solo el ser ausente te atormenta.

Déjame a mí llorar, que en los amores
un solo recelar fiero, rabioso,
hace que los demás apenas sienta.

CCXXXVIII

Al maestre de campo Luis Pérez Vargas

    Si saber del amor sola esta parte,
valeroso señor, tanto os agrada,
necesario será olvidar la espada
que tanta gloria ha dado al fiero Marte.

    Sabed por experiencia con cual arte   5
se transforma el amante en el amada,
y sabréis como el alma separada
parece que de nos mil veces parte.

    así sabréis, señor, que un accidente,
mientras su propio ser el alma olvida,   10
con tan grave dolor el cuerpo siente;

    y entonces sentiréis como la vida
se va exhalando así visiblemente
por no estar la virtud del alma unida.

CCXXXIX

A don Pedro de Sosa

    Señor, si vuestro andar continuo errando
por provincias remotas muy extrañas,
si atravesar la mar, bosques, montañas,
nuevas costumbres y hábitos mirando,

    pudiesen el ardor ir mitigando   5
que os convierte en ceniza las entrañas,
si los males de amor, iras y sañas,
pudiesen aliviarse caminando,

    no solo sería poco un tal camino,
mas cuando Alcide anduvo en su conquista   10
debéis andar para hallar un medio.

    Pero, pues tanto bien niega el destino,
tornad, señor, a ver la amada vista,
que donde nace el mal nace el remedio.

CCXL

A don Luis de Cotes, Obispo de Empurias

Ando siempre, señor, de pena en pena,
de llanto en llanto y de uno en otro fuego;
ni por andar ni por tener sosiego
dolor afloja o mi fortuna es buena.

El alma de años ya y de daños llena,   5
que ciega nuestros apetitos ciego
debría volver de tan dañoso juego
a vida más tranquila y más serena.

Si el alma misma es causa de su daño,
¿por qué la causa? Y si la fuerza el hado,   10
el arbitrio ¿qué es del?, ¿qué libre tiene?

Pues yo no sé entender mal tan extraño,
suplícoos me digáis de este pecado
quién es primera causa o dónde viene.

CCXLI

A don Juan de Rojas Sarmiento, enviándole a pedir ciertos papeles que le pidió

    Cuando oro bajo y de grosera mina
suele hallar tal vez minero experto,
si con otro metal sale cubierto,
al fuego lo consagra y lo destina;

    Allí se purifica, allí se afina,   5
allí descubre su valor más cierto;
si del acaso está dudoso, incierto,
el fuego lo quilata y determina.

    Yo, que a pesar de Febo y de Parnaso,
de Helicona hallé, no digo vena,   10
mas cierto humor peor que de locura,

    para saber si debo dar más paso
en seguirla, o dejar tan loca pena,
consagro al fuego vuestro esta escritura.

CCXLII

A don Jerónimo de la Cerda sobre un retrato

    Si por prueba mayor de su victoria
mostrando va Perseo la peligrosa
cabeza de Medusa, y por tal cosa
fue consagrado a la inmortal memoria,

    ¡cuánto sois digno vos de mayor gloria,   5
que otra nueva Medusa y más hermosa
os ha vencido, y cuanto más honrosa
que fue su vencimiento, es vuestra historia!

    Estad, señor, con tal retrato ufano;
que si Perseo lo viese, él trocaría   10
en vos su vencimiento y sus loores.

    Pero no lo mostréis tan a la mano,
que si aquella mató mientras vivía,
la sombra de esta matará de amores.

CCXLIII

A una dama que le pidió alguna cosa suya para cantar

No es sabrosa la música ni es buena,
aunque se cante bien, señora mía,
si de la letra el punto se desvía,
antes causa disgusto, enfado y pena.

Mas si a lo que se canta, acaso suena   5
la música conforme a su armonía,
en lugar del pesar que el alma cría,
de un dulce imaginar la deja llena.

Vos, que podéis mover al son del canto
los montes, no queráis cantar enojos   10
ni el secreto dolor de mi cuidado.

Quédese para mí solo mi llanto;
vos cantad la beldad de vuestros ojos:
conformará el cantar con lo cantado.

CCXLIV

A una dama que lloraba un su servidor muerto

De Menalca pastor la ninfa Flora
lloraba el duro caso extraño y fuerte,
y del hermoso rostro, ¡ay, dura suerte!
las rosas oscurece y descolora.

Ya se hace llorar, ya vuelve y llora   5
y en gruesas perlas su llorar convierte,
ya queda muerta y fría, y si la muerte
la deja respirar, dice algún hora:

«Parca si de mi bien te enamoraste,
cortarás de mi vida el hilo incierto,   10
gozarás del pastor, yo del engaño.

Mas, ¡ay!, qué digo yo que no acertaste:
que por matarle a él, a mí me has muerto;
el golpe has hecho en él, yo siento el daño.»

CCXLV

A una dama quedando viuda

Como joya oriental rica y preciosa
entre vil tierra envuelta y encerrada,
descubre su valor de ella sacada
y se muestra más clara y más hermosa;

como parece el Sol tras tenebrosa   5
nube, que su beldad tuvo ocupada;
cual va nave segura y descargada,
salida de tormenta peligrosa;

como queda mejor el peregrino
que en bosque oscuro y con peligro ha entrado,   10
cuando, salido del, halla el camino;

como oro de metal bajo apartado,
tal, señora, vuestro ánimo divino
queda, de sujeción baja librado.

CCXLVI

A un hombre loco llamado Carbón, que estando furioso
arremetió a besar a una dama

    Atrevido Carbón, tan animoso
cuan falto de favor y de contento,
no se alabe Faetón de atrevimiento
pues fue el tuyo más alto y más famoso.

    Aquél, guiando al Sol, de temeroso   5
hizo a los temerarios escarmiento,
tú pensaste gozar sin fundamento
de un nuevo Sol más claro y más hermoso.

    ¿Cuál seso hay que iguale a tu locura?
¿Cuál esfuerzo llega al bien de aventurarte   10
si tuvieras más fuerza o más ventura?

    Aunque siendo Carbón, ponerte en parte
tan cerca de aquel Sol de hermosura,
ya es ventura llegar y no abrasarte.

CCXLVII

Carbón, si dar favor suele fortuna
a un fuerte corazón determinado;
¿quién como tú jamás fue tan osado
en cuanto rodea el Sol y ve la Luna?

¿Quién tuvo, di, jamás razón alguna   5
para quejarse, como tú, del hado,
viniendo así a perder, por desdichado,
una ocasión tan alta y oportuna?

Mas ¿qué digo perderte?, si acometiste
gozar del mayor bien que hay en el cielo,   10
que ya el acometer fue gran ventura.

Pero ¿cómo, Carbón, si te encendiste,
en medio de tu ardor quedaste un hielo?
¿Pudo más su beldad que tu locura?

CCXLVIII

A un lacayo muerto debajo de un carro en el cual iba
Lucía Hariela

    Si puede honrar una famosa muerte
la más infame y deshonrada vida,
si la muerte con honra recibida
en gloria del que muere se convierte,

    venturoso lacayo, a quien la suerte					5
concedió tanto bien, tal homicida,
duélate que haya sido en su venida,
presurosa al pasar, pero no fuerte.

    ¡Morir debajo un peso tan hermoso,
que hace feo al que sostuvo Atlante!					10
¿Cuál vida debe ser tan estimada?

    ¡Ójala fuera yo tan venturoso!
Tan dulce muerte en un mísero amante
fuera con más razón bien empleada.

CCXLIX

Musas italianas y latinas,
gentes en estas partes tan extraña,
¿cómo habéis venido a nuestra España,
tan nuevas y hermosas clavellinas?

O ¿quién os ha traído a ser vecinas   5
del Tajo y de sus montes y campaña?
O ¿quién es el que os guía y acompaña
de tierras tan ajenas peregrinas?

Don Diego de Mendoza y Garcilaso
nos trajeron, y Boscán y Luis de Haro,   10
por orden y favor del dios Apolo,

los dos llevó la muerte paso a paso,
el otro Solimán, y por amparo
solo queda don Diego, y basta solo.

CCXX

(Al marqués del Vasto)

    Aquella luz que de la gloria vuestra,
invicto Alfonso, tanto resplandece,
mientra de otros errores oscurece
la fama, más que el Sol clara se muestra.

    Animoso valor la mano diestra   5
os rige (antes a ella se engrandece),
y aquello que entre nos valor parece,
es hechura de vos, no cosa nuestra.

    Si así, como es razón, escrita en suma
vuestra tanta virtud ver os agrada,   10
y que escritor no usurpe vuestra gloria,

    a imitación de Cesar, con la pluma,
mientras que reposar dejáis la espada,
haced eterna vos vuestra memoria.

CCXXI

A la marquesa del Vasto

Cual en la deseada primavera
suelen venir a nos Favonio y Flora,
cual se suele mostrar la bella Aurora
ante el rector de la celeste esfera,

    cual en aquella dulce edad primera   5
Diana en selva se mostró a deshora,
tal vos, excelentísima señora,
parecéis a este pueblo que os espera.

    Alégrate hora, pues, Liguria mía,
que si grande ocasión para gozarte   10
deseabas hallar, hoy es el día.

    Si de dolor te queda alguna parte,
sea por no haber visto en compañía
de la nueva Diana el nuevo Marte.

CCXXII

A don Juan de Guevara

    Ejemplo del valor de las Españas,
don Juan, si así supiese ahora alabarte,
cuanto tus obras dan de gloria a Marte
darían a mi pluma tus hazañas.

    Las francesas insidias y las mañas   5
que en falta de virtud sufren con arte,
acrecen en la tuya y de tu parte
cosas de admiración muy más extrañas.

    Gloriosa nación, pues que venciendo
el enemigo, su vencer os honra   10
mucho más que os pudiera honrar perdiendo.

    De ellos fue la victoria y la deshonra.
¡Dichosas vidas que ganáis muriendo
do se suelen perder la vida y honra!

CCXXIII

Dos sonetos a la muerte de Pedro Mexía

«¿Quién yace muerto aquí?» «Pero Mexía.»
«¿Pero Mexía es muerto?» «Antes muriendo
comenzó ahora a vivir, porque viviendo
fuera de do hora vive, no vivía.»

«¿Fue caballero?» «Sí.» «¿Y en qué entendía?»   5
«Ora el cielo, ora el mar, iba midiendo,
ora de Carlo Máximo escribiendo
la fama de ambos, que inmortal hacía.»

«Pues si lloró Alexandre las memorias
famosas que de Aquiles escribió Homero,   10
¿cómo no llora Cesar tan gran falta?»

«Por que lo que escribió de sus historias
basta para dar fe en el fin postrero
de lo que no alcanzó pluma tan alta.»

CCXXIV

«¿Qué pérdida, qué mal, qué sentimiento,
qué voces, qué gemido es el que suena?
¿Qué gente, de color, de angustia llena,
llora sobre este triste monumento?»

«Aquellas, que con tanto desatiento   5
muestran señales tristes de su pena,
las musas son, y aquél que el llanto ordena
Febo.» «Y este, ¿quién es?» «Conocimiento.»

«Y la que llora más, ¿quién es?» «España.»
«¿Y aquel que muestra haber perdido tanto?» 10
«Carlo, cuya inmortal tela tejía.»

«¿Quién la tejía, pues?» «¡Ay, pena extraña!
Lee el verso, que a mí me ahoga el llanto.»
Aquí reposa el gran Pero Mexía.

CCXXV

Sobre el sepulcro de doña Marina de Aragón

«Marina de Aragón yace aquí. Espera,
detén el paso y apresura el llanto.»
«¿Y éste a quien el dolor aflige tanto
quién es?» «Muerto su bien ya no es el que era.»

«¡Ay, rabioso pesar!, ¡ay pena fiera!   5
¿Es Amor el que cubre oscuro manto?»
«Sí, mas oye qué dice y nota cuánto
el cielo nos llevó, que no debiera»:

Beldad, gracia, valor, virtud, cordura,
ingenio, honestidad, seso, arte y gloria,   10
linaje y todo el bien que da ventura,

se ha llevado la muerte y por memoria
su nombre mostrará esta piedra dura;
yo tendré cargo de llorar su historia.

CCXXVI

Al sepulcro de Diego de Esquivel

　　El despojo mortal yace aquí solo,
la beata alma es ya tornada al cielo,
del pastor Esquivel, que fue en el suelo
un émulo de Orfeo, un nuevo Apolo.

　　Rabiosa muerte de entre nos llevólo;　　5
inmortal fama con piadoso celo
haga su virtud, tendido el vuelo,
se manifieste al uno y otro polo.

　　Mirad pues, ninfas, musas y pastores
no haya flor en Parnaso, ni Helicona　　10
destile humor que el lauro os tenga verde.

　　Y pues fue en el cantar de sus amores
el que puso más alta sus corona,
Amor lo llore, que es el que más pierde.

CCXXVII

En la muerte de la princesa doña María

La gran dea de los partos envidiosa
de ver que haya en el cielo alguna estrella
de mayor resplandor y beldad que ella,
del marido y hermano está quejosa.

Júpiter que agradar desea a la esposa,   5
si bien conoce injusta su querella,
«traigamos acá —dijo— otra más bella
y así Venus será menos hermosa.»

Por el mundo la va Juno buscando,
y en Pincia, por común desaventura,   10
de una princesa al parto se destina.

Mas no tan presto la ha mirado, cuando
al cielo se llevó su hermosura.
¡Ay, envidia cruel, fiera Lucina!

CCXXVIII

A la condesa Laura Gonzaga

    Laura, si cuando en la gran selva Idea
hizo el juicio aquel pastor troyano,
donde a Venus fue dado el soberano
premio a pesar de la una y otra dea,

    fuérades vos, ante vos fuera fea   5
la más hermosa, y presumiera en vano
haber lo que están vuestro y que tan llano
confesará cualquier dama que os vea.

    Si Zeúxis de vos sola tomara
cuanto bueno entre mil tomar pudiera,   10
cuando en Crotón la bella imagen hizo,

    más gracia, más beldad, más ser mostrara,
y a Juno más perfecta pareciera:
¡tanto el cielo de vos se satisfizo!

CCXXIX

(A doña María de Cardona)

    Ilustre honor el nombre de Cardona,
no décima a las nueve de Parnaso,
mas la primera del oriente a ocaso,
a quien rara beldad honra y corona;

    y a quien la Fama por sin par pregona   5
de virtudes colmado y rico vaso,
por elección, y no por suerte o caso,
dignísima de cetro y de corona.

    Perdería la pena y el trabajo,
donde la envidia su malicia enfrena,   10
si cantase de ti aun el más instruto;

    pues tu santa virtud tomó a destajo,
con pura caridad de afectos llena,
producir para el cielo eterno fruto.

CCXXX

El amoroso piélago corría
la nave del curioso entendimiento,
y no sin ocasión miraba atento
las islas más hermosas que en él vía.

Al fin de navegar arribé un día,   5
cansado ya de ver islas sin cuento,
en la bella Sicilia, do contento
quedé de aquel deseo que tenía.

Y visto todo el bien que puede verse,
exclamaba diciendo: «¡Oh soberano   10
aquél que habrá de ti la alta corona!

Si por milagro, Amor, puede hacerse,
haz que sea una hora siciliano,
ya que no puede ser de Barcelona.»

CCXXXI

    Vuestro nombre, señora, que asegura
cuanto vuestra beldad hace dudoso,
demás de aquel mirar dulce y piadoso
han sido la ocasión de mi tristura.

    Temía, y con razón, esta aventura,   5
puesto que fue el principio venturoso;
no era por mi parte temeroso,
mas de parte de vuestra hermosura.

    El alma, en el tormento ejercitada,
de nueva sujeción quería librarse,   10
del antiguo error escarmentada.

    Pero ¿cómo podía decir salvarse
quien tanto del primero mal se agrada
y no quiere de vos saber guardarse?

CCXXXII

A la princesa de Molfeta

Como al rayo de Sol nueva serpiente
en virtud del calor sale y se aviva,
muéstrase más lozana y más altiva
y el esfuerzo y valor doblado siente,

y como mientra el Sol no es tan caliente, 5
la falta del calor hace que viva
tímida, solitaria, oscura, esquiva,
do ni la puede ver ni vea la gente,

tal ha sido de mí, señora mía,
que en virtud del calor de los favores 10
mientra el Sol me duró, ledo vivía,

hasta que los helados disfavores
hicieron encoger mi fantasía,
esconderme y huir de los amores.

CCXXXIII

A la princesa de Molfeta

    Como el que de escorpión fue ya mordido,
si de allí en algún tiempo se le acuerda,
se altera, se demuda y desacuerda
y pierde la color y aun el sentido,

    mi alma que improviso acaso vido   5
la beldad que a mi mal tan mal concuerda,
hizo que la color del rostro pierda
la memoria de haber sido ofendido.

    No fue flaqueza, no, ni son amores:
la injuria al corazón ha salteado   10
y dio de justa cólera testigo.

    No hace al caso, no, mudar colores,
señora, porque un hombre demudado
acomete mejor a su enemigo.

CCXXXIV

Soneto de Gutierre de Cetina, siendo enamorado en la
    corte, para donde Montemayor se
    partía

    Si como vas, Lusitano, yo fuese
do el alma dejé, que no debiera;
si como verás presto la ribera
del hermoso Pisuerga, así la viese;

    si como partirás do yo partiese,   5
y llegarás do yo llegar quisiera;
si el bien que verás tú, yo ver pudiera,
y el poder ir como tú vas, tuviese,

    estos húmidos ojos que llorando
te mueven a piedad, vieras gozosos   10
andar, su mayor bien manifestando.

    Mas ordenan los hados enojosos,
porque lo sienta más, irme alargando
los días del destierro trabajoso.

CCXXXV

A don Jerónimo de Urrea

Ni la africana sierra excelsa y brava,
ni las bárbaras armas, crudas, fieras,
ni tu sangre esparcida en sus riberas,
que el cielo de la honra derramaba,

    ni la furia cruel que trastornaba   5
ante ti tantas naves y galeras,
ni el viento que en el campo las banderas
del fiero Marte a su pesar postraba,

    ni la gálida espada y torre fuerte,
ni en Dura el duro asalto y duro hado,   10
contra del cual no hay fuerza que resista,

    pudieron por más mal darte la muerte,
Iberino pastor desventurado,
y agora mueres de una dulce vista.

CCXXXVI

Al secretario Gonzalo Pérez

«No más, como solía, jocundo y vago
te veo correr dorando tu ribera,
mas, turbio de mis lágrimas, la fiera
llama creer que yo llorando apago.

Ya no te muestra el cielo aquel halago   5
con que suele adornar tu primavera,
ya no es tu claridad la que antes era.»
decía Pireno contemplando el Tago.

«¿Qué será de ti, mísero Pireno,
—tornó a decir llorando—, si el pasado   10
tiempo no torna alegre cual solía?»

Vandalio, que el dolor de mal ajeno
hacía recordar su propio estado,
lloraba de piedad mientras le oía.

CCXXXVII

Respuesta de Vandalio (a Cariteo)

    Ni la fuerza del mal, ¡oh Cariteo!,
ni estar lejos del bien desposeído,
ni la mente, verdugo del sentido
cuando más apretada es del deseo,

    atormenta tu alma, a lo que creo,   5
tanto, aunque tanto lo has encarecido,
que si te acuerdas quién la causa ha sido
no juzgues tu llorar por caso feo.

    Consuélate, ¡oh pastor tan venturoso!,
pues que estás del amor solas las flores   10
y solo el ser ausente te atormenta.

    Déjame a mí llorar, que en los amores
un solo recelar fiero, rabioso,
hace que los demás apenas sienta.

CCXXXVIII

Al maestre de campo Luis Pérez Vargas

    Si saber del amor sola esta parte,
valeroso señor, tanto os agrada,
necesario será olvidar la espada
que tanta gloria ha dado al fiero Marte.

    Sabed por experiencia con cual arte   5
se transforma el amante en el amada,
y sabréis como el alma separada
parece que de nos mil veces parte.

    así sabréis, señor, que un accidente,
mientras su propio ser el alma olvida,   10
con tan grave dolor el cuerpo siente;

    y entonces sentiréis como la vida
se va exhalando así visiblemente
por no estar la virtud del alma unida.

CCXXXIX

A don Pedro de Sosa

    Señor, si vuestro andar continuo errando
por provincias remotas muy extrañas,
si atravesar la mar, bosques, montañas,
nuevas costumbres y hábitos mirando,

    pudiesen el ardor ir mitigando   5
que os convierte en ceniza las entrañas,
si los males de amor, iras y sañas,
pudiesen aliviarse caminando,

    no solo sería poco un tal camino,
mas cuando Alcide anduvo en su conquista   10
debéis andar para hallar un medio.

    Pero, pues tanto bien niega el destino,
tornad, señor, a ver la amada vista,
que donde nace el mal nace el remedio.

CCXL

A don Luis de Cotes, Obispo de Empurias

 Ando siempre, señor, de pena en pena,
de llanto en llanto y de uno en otro fuego;
ni por andar ni por tener sosiego
dolor afloja o mi fortuna es buena.

 El alma de años ya y de daños llena, 5
que ciega nuestros apetitos ciego
debría volver de tan dañoso juego
a vida más tranquila y más serena.

 Si el alma misma es causa de su daño,
¿por qué la causa? Y si la fuerza el hado, 10
el arbitrio ¿qué es del?, ¿qué libre tiene?

 Pues yo no sé entender mal tan extraño,
suplícoos me digáis de este pecado
quién es primera causa o dónde viene.

CCXLI

A don Juan de Rojas Sarmiento, enviándole a pedir ciertos papeles que le pidió

    Cuando oro bajo y de grosera mina
suele hallar tal vez minero experto,
si con otro metal sale cubierto,
al fuego lo consagra y lo destina;

    Allí se purifica, allí se afina,   5
allí descubre su valor más cierto;
si del acaso está dudoso, incierto,
el fuego lo quilata y determina.

    Yo, que a pesar de Febo y de Parnaso,
de Helicona hallé, no digo vena,   10
mas cierto humor peor que de locura,

    para saber si debo dar más paso
en seguirla, o dejar tan loca pena,
consagro al fuego vuestro esta escritura.

CCXLII

A don Jerónimo de la Cerda sobre un retrato

Si por prueba mayor de su victoria
mostrando va Perseo la peligrosa
cabeza de Medusa, y por tal cosa
fue consagrado a la inmortal memoria,

¡cuánto sois digno vos de mayor gloria,   5
que otra nueva Medusa y más hermosa
os ha vencido, y cuanto más honrosa
que fue su vencimiento, es vuestra historia!

Estad, señor, con tal retrato ufano;
que si Perseo lo viese, él trocaría   10
en vos su vencimiento y sus loores.

Pero no lo mostréis tan a la mano,
que si aquella mató mientras vivía,
la sombra de esta matará de amores.

CCXLIII

A una dama que le pidió alguna cosa suya para cantar

No es sabrosa la música ni es buena,
aunque se cante bien, señora mía,
si de la letra el punto se desvía,
antes causa disgusto, enfado y pena.

   Mas si a lo que se canta, acaso suena   5
la música conforme a su armonía,
en lugar del pesar que el alma cría,
de un dulce imaginar la deja llena.

   Vos, que podéis mover al son del canto
los montes, no queráis cantar enojos   10
ni el secreto dolor de mi cuidado.

   Quédese para mí solo mi llanto;
vos cantad la beldad de vuestros ojos:
conformará el cantar con lo cantado.

CCXLIV

A una dama que lloraba un su servidor muerto

De Menalca pastor la ninfa Flora
lloraba el duro caso extraño y fuerte,
y del hermoso rostro, ¡ay, dura suerte!
las rosas oscurece y descolora.

Ya se hace llorar, ya vuelve y llora   5
y en gruesas perlas su llorar convierte,
ya queda muerta y fría, y si la muerte
la deja respirar, dice algún hora:

«Parca si de mi bien te enamoraste,
cortarás de mi vida el hilo incierto,   10
gozarás del pastor, yo del engaño.

Mas, ¡ay!, qué digo yo que no acertaste:
que por matarle a él, a mí me has muerto;
el golpe has hecho en él, yo siento el daño.»

CCXLV

A una dama quedando viuda

Como joya oriental rica y preciosa
entre vil tierra envuelta y encerrada,
descubre su valor de ella sacada
y se muestra más clara y más hermosa;

    como parece el Sol tras tenebrosa   5
nube, que su beldad tuvo ocupada;
cual va nave segura y descargada,
salida de tormenta peligrosa;

    como queda mejor el peregrino
que en bosque oscuro y con peligro ha entrado, 10
cuando, salido del, halla el camino;

    como oro de metal bajo apartado,
tal, señora, vuestro ánimo divino
queda, de sujeción baja librado.

CCXLVI

A un hombre loco llamado Carbón, que estando furioso arremetió a besar a una dama

    Atrevido Carbón, tan animoso
cuan falto de favor y de contento,
no se alabe Faetón de atrevimiento
pues fue el tuyo más alto y más famoso.

    Aquél, guiando al Sol, de temeroso   5
hizo a los temerarios escarmiento,
tú pensaste gozar sin fundamento
de un nuevo Sol más claro y más hermoso.

    ¿Cuál seso hay que iguale a tu locura?
¿Cuál esfuerzo llega al bien de aventurarte   10
si tuvieras más fuerza o más ventura?

    Aunque siendo Carbón, ponerte en parte
tan cerca de aquel Sol de hermosura,
ya es ventura llegar y no abrasarte.

CCXLVII

Carbón, si dar favor suele fortuna
a un fuerte corazón determinado;
¿quién como tú jamás fue tan osado
en cuanto rodea el Sol y ve la Luna?

¿Quién tuvo, di, jamás razón alguna   5
para quejarse, como tú, del hado,
viniendo así a perder, por desdichado,
una ocasión tan alta y oportuna?

Mas ¿qué digo perderte?, si acometiste
gozar del mayor bien que hay en el cielo,   10
que ya el acometer fue gran ventura.

Pero ¿cómo, Carbón, si te encendiste,
en medio de tu ardor quedaste un hielo?
¿Pudo más su beldad que tu locura?

CCXLVIII

A un lacayo muerto debajo de un carro en el cual iba
   Lucía Hariela

   Si puede honrar una famosa muerte
la más infame y deshonrada vida,
si la muerte con honra recibida
en gloria del que muere se convierte,

   venturoso lacayo, a quien la suerte   5
concedió tanto bien, tal homicida,
duélate que haya sido en su venida,
presurosa al pasar, pero no fuerte.

   ¡Morir debajo un peso tan hermoso,
que hace feo al que sostuvo Atlante!   10
¿Cuál vida debe ser tan estimada?

   ¡Ójala fuera yo tan venturoso!
Tan dulce muerte en un mísero amante
fuera con más razón bien empleada.

CCXLIX

Musas italianas y latinas,
gentes en estas partes tan extraña,
¿cómo habéis venido a nuestra España,
tan nuevas y hermosas clavellinas?

O ¿quién os ha traído a ser vecinas 5
del Tajo y de sus montes y campaña?
O ¿quién es el que os guía y acompaña
de tierras tan ajenas peregrinas?

Don Diego de Mendoza y Garcilaso
nos trajeron, y Boscán y Luis de Haro, 10
por orden y favor del dios Apolo,

los dos llevó la muerte paso a paso,
el otro Solimán, y por amparo
solo queda don Diego, y basta solo.

Libros a la carta

A la carta es un servicio especializado para
empresas,
librerías,
bibliotecas,
editoriales
y centros de enseñanza;
y permite confeccionar libros que, por su formato y concepción, sirven a los propósitos más específicos de estas instituciones.

Las empresas nos encargan ediciones personalizadas para marketing editorial o para regalos institucionales. Y los interesados solicitan, a título personal, ediciones antiguas, o no disponibles en el mercado; y las acompañan con notas y comentarios críticos.

Las ediciones tienen como apoyo un libro de estilo con todo tipo de referencias sobre los criterios de tratamiento tipográfico aplicados a nuestros libros que puede ser consultado en Linkgua-ediciones.com.

Linkgua edita por encargo diferentes versiones de una misma obra con distintos tratamientos ortotipográficos (actualizaciones de carácter divulgativo de un clásico, o versiones estrictamente fieles a la edición original de referencia).

Este servicio de ediciones a la carta le permitirá, si usted se dedica a la enseñanza, tener una forma de hacer pública su interpretación de un texto y, sobre una versión digitalizada «base», usted podrá introducir interpretaciones del texto fuente. Es un tópico que los profesores denuncien en clase los desmanes de una edición, o vayan comentando errores de interpretación de un texto y esta es una solución útil a esa necesidad del mundo académico.

Asimismo publicamos de manera sistemática, en un mismo catálogo, tesis doctorales y actas de congresos académicos, que son distribuidas a través de nuestra Web.

El servicio de «libros a la carta» funciona de dos formas.

1. Tenemos un fondo de libros digitalizados que usted puede personalizar en tiradas de al menos cinco ejemplares. Estas personalizaciones pueden ser de todo tipo: añadir notas de clase para uso de un grupo de estudiantes, introducir logos corporativos para uso con fines de marketing empresarial, etc. etc.

2. Buscamos libros descatalogados de otras editoriales y los reeditamos en tiradas cortas a petición de un cliente.

www.ingramcontent.com/pod-product-compliance
Lightning Source LLC
Chambersburg PA
CBHW051341040426
42453CB00007B/358